D1917105

Michael Brückner

Beschwerdemanagement

- Reklamationen als Chancen nutzen
- Professionell reagieren
- Kunden zufrieden stellen

NewBusinessLine

REDLINE WIRTSCHAFT

Michael Brückner
Beschwerdemanagement
Reklamationen als Chance nutzen / Professionell reagieren / Kunden zufrieden stellen
Frankfurt: Redline Wirtschaft, 2005
ISBN 3-636-01195-2

Unsere Web-Adresse:
http://www.redline-wirtschaft.de

Umschlag: INIT, Büro für Gestaltung, Bielefeld

Ein Unternehmen der Süddeutscher Verlag Hüthig Fachinformationen
Satz: Beate Soltész, Redline Wirtschaft, Wien
Druck: Himmer, Augsburg
Printed in Germany

Inhalt

Vorwort

Ob im Privat- oder im Geschäftsleben: Freunde in der Not sind bekanntermaßen nicht allzu häufig anzutreffen. Wer einmal einen gefunden hat, wird ihn so schnell nicht wieder vergessen. Denn nicht in der Routine des Alltags offenbart sich die Qualität einer Partnerschaft, sondern in der Krise. Diese Erkenntnis trifft nicht zuletzt auf das Beziehungsgeflecht zwischen Kunde und Verkäufer zu. Erst wenn es zu Problemen kommt, wenn das Produkt oder die Dienstleistung Mängel aufweist, wenn die Ware zu spät geliefert wird oder das Gerät schon nach wenigen Monaten ausfällt, zeigt sich, ob der Kunde auch nach Bezahlung der Rechnung noch als geschätzter Partner angesehen wird.

Wer sich in solchen Fällen bewährt, festigt das Vertrauensverhältnis gegenüber seinen Kunden. Insofern bieten Reklamationen häufig unterschätzte Chancen, das betreffende Unternehmen am Markt zu profilieren. Reklamationsmanagement – das ist direkte Öffentlichkeitsarbeit.

Es bleibt deshalb unverständlich, dass diese Chancen gerade in vielen mittelständischen Betrieben nicht genutzt und Reklamationen immer noch als etwas Ärgerliches, ja sogar Bedrohliches empfunden werden. Kunden, Marketingexperten sowie Geschäftsführer und Vorstände räumen ein, dass es in vielen Unternehmen nach wie vor an einem effizienten, die Chancen nutzenden Reklamationsmanagement mangle.

Dieses Buch soll zum einen dazu animieren, Reklamationen künftig als kreative Herausforderung anzunehmen. Zum anderen vermittelt es die wichtigsten Strategien im Umgang mit Kunden, die – aus welchen Gründen auch immer – mit dem Produkt oder der Dienstleistung Ihres Hauses unzufrieden sind.

Anders ausgedrückt: Seien Sie ein Freund in der Not, und Ihr Kunde wird es Ihnen danken, indem er Ihnen treu bleibt.

Michael Brückner

Teil 1
Gewinnen Sie mit jeder Reklamation

Zugegeben, reklamierende Kunden sind keineswegs immer angenehm. Selbst wenn sie ihre Beschwerden in ruhigem und sachlichem Ton vortragen, bereiten sie zunächst einmal zusätzliche Arbeit. Die Angelegenheit muss geprüft, eventuell ein Vorgesetzter hinzugezogen und die Entscheidung dem enttäuschten Kunden diplomatisch vermittelt werden. Fühlt dieser sich ungerecht behandelt, reagiert er vielleicht sogar aggressiv, vergreift sich im Ton und legt in diesem Augenblick vermutlich seine Worte nicht auf die Goldwaage. Doch wer lässt sich schon gern beschimpfen ...? Es ist daher sicher durchaus nachvollziehbar, wenn reklamierende Kunden bisweilen zum Alptraum der Verkäufer oder der Servicemitarbeiter werden können.

Bedenken Sie: Die Kunden von heute verfügen dank breiter Verbraucheraufklärung sowohl durch Verbände als auch in den Medien über ein gestärktes Selbstbewusstsein. In den Lokalredaktionen der Tageszeitungen vergeht kaum eine Woche, in der nicht irgendein Leser, der sich von der Firma X oder vom Kaufhaus Y schlecht behandelt fühlt, von seinem Fall berichtet. Und Verbrauchersendungen im Fernsehen erreichen hohe Einschaltquoten, erweisen sie sich doch als Ventil, um Konsumenten-Frust abzulassen.

Was motiviert Verbraucher, mit ihren Anliegen an die Öffentlichkeit zu gehen? Hier nun unsere Antworten:

1. Der Kunde fühlt sich von einem Unternehmen oder einer Behörde ungerecht behandelt. Er spürt, dass er allein nicht mehr weiterkommt.
2. Er wählt sich also einen »Anwalt«; und zwar den, der am meisten »Druck machen« kann: die Öffentlichkeit.
3. Von diesem Druck erhofft sich der verärgerte Kunde eine Änderung des Verhaltens des Unternehmens beziehungsweise der Behörde.
4. Doch selbst wenn die auf diese Weise so öffentlichkeitswirksam Gescholtenen auf ihrem Standpunkt beharren, wurden sie für ihr Verhalten »bestraft«: Jede negative Veröffentlichung kratzt am Image eines Unternehmens. Selbst Kunden, die bislang zufrieden waren, beginnen zu grübeln. Schließlich kann jeder in die Situation geraten, dieses oder jenes Produkt, diese oder jene Dienstleistung reklamieren zu müssen. Wer streitet sich in einem solchen Fall schon gern mit kleinlichen Unternehmen?

Bedenken Sie: In zahlreichen Untersuchungen von Industrie- und Handelskammern und großen Unternehmen (zum Beispiel VW) wurde festgestellt, dass ein verärgerter Kunde seine schlechten Erfahrungen im Verwandten-, Freundes- und Kollegenkreis im Schnitt zehnmal weitergibt. Nun können Sie ermessen, wie groß der Schaden für ein Unternehmen ist, wenn ein Fall erst einmal in der Presse oder gar im Fernsehen aufgegriffen wird. Zehn Imageberater können in einem Jahr nicht wieder gutmachen, was zehn frustrierte Kunden an einem Tag an negativen Erfahrungen weitergeben.

Sieben Thesen für optimales Reklamationsmanagement

1. Reklamationsmanagement dient der Imagepolitur und der Öffentlichkeitswirkung. Schnelle und freundliche Reaktionen auf Kundenbeschwerden sorgen für mehr Breitenwirkung als zum Beispiel viele der nach allen Regeln der Kunst geschriebenen Pressemitteilungen.

2. Freuen Sie sich auf Reklamationen! Sie geben Ihnen die Chance, sich in Zeiten zunehmenden Wettbewerbs als kundenfreundlich zu profilieren. Gutes Reklamationsmanagement stärkt das Beziehungsgeflecht zum Kunden.

3. Der reklamierende Kunde ist nur in den seltensten Fällen ein Nörgler (den gibt's bekanntlich auch). Er ist Ihr Freund. Wäre dem nicht so, würde er sich in seiner Not nicht an Sie wenden. Er vertraut Ihnen, dass Sie die Angelegenheit aus der Welt schaffen.

4. Fehler passieren überall hin und wieder. Wenn Ihre Reklamationsquote auffallend gering ist, sollten Sie dies nicht unbedingt als ein gutes Zeichen werten. Vermutlich wandern Ihre unzufriedenen Kunden gleich zu einem Mitbewerber ab.

5. Reklamierende Kunden haben ein Recht, verärgert zu sein. Sie fühlen sich ungerecht behandelt, weil sie »gutes« Geld für mangelhafte Waren oder Dienstleistungen gezahlt haben. Jetzt verlangen sie eine Art Wiedergutmachung. Sie sollten daher stark emotional überzeichnete Äußerungen des Kunden – ganz gleich, ob im persönlichen Gespräch oder im Reklamationsschreiben – niemals persönlich nehmen.

6. Delegieren Sie Kompetenz nach unten. Jene Mitarbeiterinnen und Mitarbeiter, die täglich Kontakt mit Ihren Kunden haben, müssen bis zu einer bestimmten Größenordnung selbst über Reklamationen entscheiden können. Kommt keine Einigung zustande, sollte eine Beschwerde automatisch zur »Chefsache« werden.

7. Eine kulant behandelte Reklamation vergisst der Kunde irgendwann einmal – eine kleinliche Behandlung seines Problems vergisst er Ihnen nie!

Status-quo-Analyse:
Mein Verhältnis gegenüber Reklamationen

Der image- und verkaufsfördernde Aspekt eines professionellen Reklamationsmanagements wurde lange Zeit vernachlässigt. Erst seit wenigen Jahren erkennen mehr und mehr Unternehmen die Chance, sich mit diesem Instrumentarium am Markt zu profilieren. Am Anfang dieses Buches soll daher eine Status-quo-Analyse stehen.

Beantworten Sie bitte ganz offen die folgenden Fragen:

	stimmt	stimmt nicht
1. In unserem Unternehmen wurden Reklamationen bisher von Fall zu Fall entschieden. Spezielle Verhaltensregeln wurden nicht entwickelt	☐	☐
2. Unsere Preise sind so scharf kalkuliert, dass wenig Spielraum für Kulanz bleibt	☐	☐
3. In der Hektik des Alltagsgeschäfts kann eine Reklamation schon mal ein wenig liegen bleiben – so etwas ist normal	☐	☐
4. Gelingt es einem Mitarbeiter oder einer Mitarbeiterin, eine Reklamation zurückzuweisen, so ist dies durchaus im Sinne unseres Unternehmens	☐	☐
5. In unserem Unternehmen gibt es keine spezielle Anlaufstelle für Reklamationen. Man muss sich eben »durchfragen«	☐	☐
6. Unsere Mitbewerber reagieren auf Kundenreklamationen durchaus ähnlich wie wir	☐	☐
7. Wenn es sich herumspricht, dass wir Kundenreklamationen großzügig behandeln, fordern die Kunden immer mehr	☐	☐
8. Die meisten reklamierenden Kunden sind ohnehin Nörgler	☐	☐

Je mehr Fragen Sie mit einem »Stimmt« beantwortet haben, desto weiter sind Sie von einer kundenorientierten Reklamationskultur entfernt. Nach dem Durcharbeiten dieses Buches sollten Sie idealerweise alle Fragen mit einem überzeugten »Stimmt nicht« beantworten können. Denn dafür gibt es gute Gründe. Nämlich diese:

Zu 1: Werden Reklamationen lediglich als (lästige) Störungen des Tagesgeschäfts angesehen, ist kaum zu erwarten, dass die Mitarbeiterinnen und Mitarbeiter hinreichend sensibilisiert sind, um die Chancen zu erkennen, die in Beschwerden von Kunden stecken. Es geht nicht nur um eine Reparatur, sondern um die Stärkung der gestörten Kundenbeziehung.

Zu 2: Eine freundliche, schnelle und möglichst kulante Behandlung von Reklamationen sollten Sie nicht als gnädiges Geschenk an Kunden verstehen. Sehen Sie darin vor allem eine höchst effiziente Werbemaßnahme. Und Werbung kostet eben Geld. Im Übrigen: Verbraucherorientiertes Reklamationsmanagement bedeutet keineswegs, grundsätzlich alle Forderungen der Kunden zu erfüllen. Sie können und sollten selbstverständlich auch einmal »Nein« sagen, vorausgesetzt, Sie verstehen es, dem Kunden Ihre Entscheidung plausibel zu erläutern (wir kommen später auf diesen Aspekt noch ausführlich zurück).

Zu 3: Manches erledigt sich in der Tat dadurch, dass man es liegen lässt. Leider auch Ihre Beziehung zum Kunden. Wer reklamiert, erwartet eine schnelle Reaktion. Erfolgt die Stellungnahme erst nach drei oder vier Wochen, entsteht bei Ihrem Kunden der Eindruck, Sie würden sein Anliegen nicht ernst nehmen. Mit jedem Tag, an dem Ihr Kunde warten muss, wächst sein Frust. Deshalb: Stellen Sie sicher, dass auf Reaktionen innerhalb von drei bis vier Tagen entweder schriftlich oder mündlich reagiert wird (sollte eine eingehender Prüfung der Unterlagen notwendig erscheinen, schicken Sie Ihrem Kunden einen kurzen Zwischenbescheid).

Zu 4: Waren und Dienstleistungen werden hinsichtlich ihrer Qualität und ihres Preises immer ähnlicher. Der Kunde entscheidet sich zunehmend für jene Anbieter, von denen er ein höheres Maß an Service und Freundlichkeit erwartet. Gewinnen Ihre Mitarbeiterinnen und Mitarbeiter freilich den Eindruck, mit jedem Reklamierer, den sie abzuweisen verstehen, wüchse ihr Ansehen beim Chef, so entsteht sehr bald ein Klima, in dem sich am Ende keiner mehr wohlfühlt – am wenigsten die Kunden.

Zu 5: Kompetenzwirrwarr verärgert den Kunden zusätzlich. Er möchte in seiner Not einen kompetenten Ansprechpartner, dem er sein Problem schildern und auf den er sich verlassen kann. Nichts nervt einen Kunden mehr als ständiges Hin- und Herverbinden am Telefon und die daraus resultierende Notwendigkeit, sein Anliegen gleich drei- oder viermal wiederholen zu müssen.

Zu 6: Wenn Ihr Konkurrent eine denkbar schlechte Werbekampagne startet – eifern Sie ihm dann nach? Sicher eine rhetorische Frage. Schauen Sie nicht, was die anderen machen. Begreifen Sie ein kundenfreundliches Reklamationsmanagement als Wettbewerbsvorteil auf dem Markt.

Zu 7: Gute Erfahrungen sprechen sich herum (wenngleich leider nicht ebenso schnell wie schlechte!). Sie vergeben mit einem effizienten Reklamationsmanagement keine Almosen, sondern Sie erweisen sich als ein fairer Partner. Und Fairness lässt sich nicht ausnutzen – im Unterschied zu Gutmütigkeit.

Zu 8: Natürlich gibt es sie, die Nörgler, Choleriker und Besserwisser, die Brüller und Droher, die sich mit Pseudo-Reklamationen an Sie wenden. Doch nicht der Umgang mit diesen unangenehmen Zeitgenossen sollte Ihr Reklamationsmanagement bestimmen, sondern der Wunsch, all die anderen guten Kunden Ihres Hauses zufrieden zu stellen. Im Übrigen: Auch für den Umgang mit Nörglern und Pseudo-Reklamierern werden Sie in diesem Buch konkrete Tipps finden.

Aus Problemen Chancen machen

In Reklamationen stecken Chancen,

- weil Sie Ihnen Gelegenheit geben, sich sozusagen als Freund in der Not zu bewähren,
- weil die Kunden Sie auf Schwachstellen hinweisen (egal, ob diese bei Ihnen oder bei Ihren Zulieferern liegen),
- weil ein Kunde, der reklamiert, immer noch ein Kunde ist. Ansonsten wäre er schon bei Ihrem Mitbewerber.

Ernüchternde Bestandsaufnahme

Die bis heute in manchen Unternehmen (und erst recht in Behörden) übliche Behandlung von Reklamationen erscheint geradezu haarsträubend. Dabei ist ein solches Verhalten doch ein Image- und somit auch Umsatzkiller par excellence. Ein paar Erkenntnisse zum Thema:

- »Alarmierend schlecht« sei die Behandlung von Beschwerden, stellte schon 1995 die Deutsche Marketing-Vereinigung fest.
- »Wenn sich unsere Beschäftigten angewöhnen würden, jeden Kunden freundlich zu grüßen, könnten wir unsere Vertriebsleistung im Inland um 25 Prozent steigern«, meinte der Vorstandschef einer deutschen Großbank.
- Eine Unternehmensberaterin warnte vor der Illusion, eine geringe Reklamationsrate sei für eine Firma Anlass zu berechtigtem Stolz. Im Gegenteil: Viele Kunden scheuten die Auseinandersetzung und gingen gleich zur Konkurrenz.
- Und schließlich noch eine alte chinesische Lebensweisheit: »Ein Mensch ohne Lächeln sollte kein Geschäft aufmachen.« (Hinzugefügt sei: Dieses Lächeln darf er/sie auch dann nicht verlieren, wenn sich die Kunden aus diesem oder jenem Grund beschweren.)

Die zehn häufigsten Sünden bei Reklamationen

Die Fehler im Reklamationsmanagement gleichen sich auffallend, unabhängig davon, ob es sich nun um ein produzierendes Unternehmen oder um einen Dienstleister handelt. Beachten Sie daher zunächst die nachfolgende, bewusst etwas provozierend formulierte Liste der häufigsten Mängel, und prüfen Sie selbstkritisch, ob in Ihrem Unternehmen nicht auch solche Schwachstellen bestehen:

1. Sünde:

Sie investieren all Ihre Freundlichkeit und Kreativität allein in den Verkauf und erachten Reklamationen bestenfalls als notwendiges Übel, das Cholerikern Gelegenheit gibt, sich nach Herzenslust auszutoben.

2. Sünde:

Um die Reklamationsquote möglichst gering zu halten, geben Sie die Telefonnummer der Serviceabteilung beziehungsweise die Namen der Mitarbeiter, die für Rückfragen zur Verfügung stehen, gar nicht erst an. Wer trotzdem anruft, wird von Abteilung zu Abteilung verbunden, um am Ende zu erfahren, dass die zuständige Mitarbeiterin krank, ihre Vertreterin in Urlaub und die Vertreterin der Vertreterin in einer Besprechung sei, von der natürlich niemand weiß, wie lange sie dauert.

3. Sünde:

Sie versprechen allen verärgerten Kunden, sie »ganz bestimmt« zurückzurufen. Nur halten Sie derlei Versprechen nie.

4. Sünde:

Wenn ein Kunde eine unberechtigte Reklamation vorbringt, fordern Sie ihn genüsslich auf, künftig gefälligst die Bedienungsanleitung oder die Vertragsbedingungen genauer zu lesen.

5. Sünde:

Sie lassen bei telefonischen Reklamationen gleich an Herrn Unbedarft (»Das weiß ich jetzt nicht ...«, »Keine Ahnung ...«, »Tut mir Leid, ich hätte Ihnen gern weitergeholfen ...«, »Ich bin neu hier ...«) oder an Frau Schnippisch verbinden (»Ja, was wollen Sie denn nun eigentlich ...?«, »Da kann ich Ihnen auch nicht helfen ...«, »Ja, mein Gott, nun beruhigen Sie sich mal, ich habe hier noch andere Kunden«).

6. Sünde:

Sie verfahren bei Reklamationen nach dem Prinzip der »bissigen Hunde«, denen man bekanntlich ein Stückchen mehr geben sollte. Wer höflich, vielleicht ein wenig schüchtern reklamiert, hat im Zweifelsfall eben Pech gehabt. Wer im vollen Laden zu brüllen beginnt, bekommt, was er will.

7. Sünde:

Ihre Servicemitarbeiter sind zwar ausgesprochen nett, haben aber kaum Entscheidungsbefugnisse. Welche Reklamation anerkannt und auf welche Weise sie aus der Welt geschafft wird, bleibt ausschließlich »Chefsache«.

8. Sünde:

Sie verfahren nach der Sündenbock-Theorie. Schuld hat immer der Kollege (besser noch: der Zulieferer).

9. Sünde:

Sie schwören auf die Strategie des »Aussitzens«: Auf einen Beschwerdebrief ja nicht antworten. Vielleicht vergisst es der Kunde ja ...

10. Sünde:

Sie lassen Ihre Kunden deutlich spüren, dass sie spätestens seit dem Kaufdatum nicht mehr Könige, sondern Bittsteller sind.

Die ersten Schritte zum erfolgreichen Reklamationsmanagement

Bevor wir uns in den nachfolgenden Teilen ausführlich der Praxis zuwenden, hier vorab die wichtigsten Tipps zum Aufbau eines effizienten Reklamations- und Beschwerdemanagements:

Sensibilisieren Sie Ihre Mitarbeiter und Mitarbeiterinnen für die großen Chancen, die in jeder Reklamation stecken. Ein anfangs verärgerter Kunde, dessen Anliegen ernst genommen wird, kehrt meist schnell zu einem sachlichen Gespräch zurück. Gelingt es dann, das Problem rasch und unbürokratisch aus der Welt zu schaffen, können Sie so gut wie sicher sein: Dieser Kunde wird wiederkommen – als Käufer. Und er wird Sie weiterempfehlen, indem er von seinem positiven Reklamationserlebnis erzählt.

Die Qualität des Service zeigt sich spätestens beim Reklamationsmanagement. Deshalb: Wer eine Beschwerde vorbringt, verdient die gleiche Aufmerksamkeit und Höflichkeit wie ein Käufer.

Geben Sie zum Beispiel auf der Verpackung, auf der Bedienungsanleitung, auf Rechnungen oder in den Begleitbriefen stets die Anschrift und Telefonnummer jener Abteilung Ihres Unternehmens an, die für eventuelle Reklamationen zuständig ist. Auf Rechnungen, Lieferscheinen oder im »PS« des Anschreibens kann etwa folgender Hinweis erscheinen: »Bei Rückfragen oder Unklarheiten wenden Sie sich bitte an ... Telefon-Durchwahl ..., E-Mail ...«

Stellen Sie sicher, dass Reklamationen umgehend bearbeitet werden. Spätestens zwei Wochen nach der schriftlichen oder telefonischen Beschwerde des Kunden müssen Sie klar Stellung beziehen, Lösungsvorschläge unterbreiten und sich in gravierenden Fällen entschuldigen. Wer vier Wochen auf eine Antwort warten muss, gewinnt – nicht zu Unrecht – den Eindruck, er erscheine dem Unternehmen als lästiger Störenfried, dessen man sich erst dann annimmt, wenn gerade mal nichts »Wichtigeres« zu tun ist.

Lassen Sie sich von Ihren Mitarbeitern und Mitarbeiterinnen über Art und Umfang der Reklamationen auf dem Laufenden halten. Als besonders effizient erweisen sich kurze, stichwortartige Berichte. Sie sollten folgende Angaben enthalten:

- In welchem Zustand war der Anrufer (zum Beispiel ruhig, leicht erregt, stark emotional, »stinksauer«)?
- Hat der Kunde bereits früher reklamiert?
- Wie wurde reklamiert (telefonisch, persönlich, schriftlich)?
- Was wurde konkret beanstandet?
- Wurde die Sache bereinigt? Wenn ja, wie?
- Zeigte sich der Kunde einverstanden/teilweise einverstanden mit der gefundenen Lösung?
- Wurde das Produkt schon häufiger reklamiert?

Nicht jeder verfügt über psychologisches Einfühlungsvermögen. Trotzdem sollten Sie die Fähigkeit trainieren, eine Situation mit Diplomatie zu entschärfen (konkrete Tipps hierzu finden Sie im nächsten Teil dieses Buches). Das gilt für die direkte Konfrontation mit dem verärgerten Kunden ebenso wie für das Verhalten am Telefon.

Niemals darf der Eindruck entstehen, eine Reklamation sei bei Ihnen etwas Alltägliches. Unzufriedenheit mit Ihrer Ware oder Ihrer Dienstleistung, das kommt doch wohl außerordentlich selten vor. Die Mitarbeiter und Mitarbeiterinnen sollten daher Überraschung, ja Betroffenheit ausstrahlen, ohne arrogant zu wirken. Falsch wäre etwa: »Da sind Sie aber der Erste, der sich beschwert ...«. Richtig hingegen: »Da haben Sie wirklich großes Pech. Gerade mit diesem Produkt machten wir bisher nämlich die besten Erfahrungen.«

Ganz gleich, ob am Telefon oder im persönlichen Gespräch: Hören Sie dem Kunden aktiv zu. Achselzucken, verlegenes »Hm, hm« oder das stereotype Wiederholen eines Arguments tragen mit Sicherheit nicht zur Konfliktlösung bei.

Denken Sie daran, dass Sie alle Zusagen, die Sie einem Kunden in dieser heiklen Situation machen, peinlich genau einhalten müssen. Sollten Sie dazu nicht in der Lage sein, dürften Sie den Kunden endgültig verloren haben. Weisen Sie unbedingt auch Ihre Mitarbeiter und Mitarbeiterinnen auf diesen wichtigen Punkt hin.

Erkundigen Sie sich nach einer Weile (etwa nach vier bis fünf Wochen), ob der Kunde nunmehr zufrieden ist. Diese Nachfass-Aktion kann per Telefon erfolgen, effektvoller erscheint hierfür aber ein persönliches Schreiben.

Teil 2
De-Eskalation durch Diplomatie

Wohl jeder hatte schon einmal Anlass , sich über die schlechte Qualität einer Ware oder Dienstleistung zu ärgern. Und daher waren die meisten schon in der Rolle des Reklamierers. Es sollte deshalb nicht schwer fallen, Einfühlungsvermögen in die Gemütsverfassung des reklamierenden Kunden zu entwickeln. Dessen Auftreten und Rhetorik sind bei den meisten Menschen von ganz bestimmten Faktoren geprägt.

Welche Verhaltensmuster von Reklamierern fallen Ihnen aus eigener Erfahrung ein?

Hier nun unsere Beobachtungen (vergleichen Sie die nachfolgende Liste mit Ihren Erfahrungen und achten Sie auf Übereinstimmungen):

1. Der Kunde ist zunächst einmal enttäuscht. Er muss – um es salopp auszudrücken – in der Regel zuerst »Dampf ablassen«. Vermutlich hat sich sein Ärger bereits über Tage hinweg aufgestaut. In dieser Phase äußern sich die meisten Reklamierer häufig sehr emotional. Sie neigen dazu, Dinge zu übertreiben und drohen bisweilen sogar mit Konsequenzen der verschiedensten Art.

2. Der Kunde ist von seinem Standpunkt absolut überzeugt. Er wird – auch das gehört zur üblichen Dramaturgie – deshalb zunächst einmal Maximalforderungen stellen und sich in dieser Phase nicht auf Kompromisse einlassen.

3. Manche Kunden erwarten, dass ihre Reklamation von höchstkompetenter Stelle bearbeitet wird. Sie verlangen deshalb nach dem Vorgesetzten oder gleich nach dem Geschäftsführer und lehnen es ab, »mit kleinen Angestellten« zu verhandeln, die angeblich sowieso nichts zu sagen haben. Wer kennt nicht die alte Empfehlung: »Geh' gleich zu Schmidt, nicht erst zu Schmidtchen«?

4. Viele Zeitgenossen neigen in Konfliktsituationen (und um nichts anderes handelt es sich bei einer Beschwerde) dazu, aggressiv zu werden und sich im Ton zu vergreifen. Dies geschieht zum einen, um der Sache den »nötigen Nachdruck« zu verleihen, und zum anderen, um von vornherein klar zu machen, dass es der Kundendienstmitarbeiter mit einem unbequemen Partner zu tun hat (der »Mit dem ist nicht gut Kirschen essen«-Effekt).

5. Vielfach ist die aktuelle Beschwerde der berühmte Tropfen, der das Fass zum Überlaufen bringt. Der Kunde reklamiert zwar einen ganz bestimmten Mangel, fügt aber sofort wortgewaltig hinzu, welche unliebsamen Erfahrungen er mit dem betreffenden Unternehmen früher schon einmal sammeln musste (»Das ist ja nicht das erste Mal ...!«).

6. In der ersten emotionalen Phase duldet der Reklamierer meist keinen Widerspruch. Wer es dennoch versucht, eskaliert die Situation. Eine gefährliche Entwicklung, denn dann droht die Angelegenheit endgültig aus dem Ruder zu laufen.

Erstes Ziel: Konfliktentschärfung

Diese erste, sehr emotional geprägte Phase der Beschwerde verlangt von dem Kundendienstmitarbeiter ein hohes Maß an Diplomatie, entscheidet sich dabei doch immerhin, ob das Gespräch – sei es persönlich oder per Telefon – auf eine sachliche, lösungsorientierte Ebene übergeleitet werden kann. Grundsätzlich gilt es, zwischen vier verschiedenen Gesprächsphasen zu unterscheiden:

Phase	Wie verhält sich der Kunde?	Wie sollte sich der Mitarbeiter verhalten?
Emotionsphase	„Lässt Dampf ab", ist reizbar	Aufmerksam zuhören, nicht provozieren lassen
De-Eskalation	Kunde wird ruhiger, wartet auf Reaktionen	Details erfragen, Interesse zeigen
Lösungsphase	Ist in der Regel skeptisch, erwägt das Lösungsangebot, macht gegebenenfalls andere Vorschläge	Erläutert eingehend Lösungsvorschläge, nennt Alternativen und Termine
Schlussphase	Akzeptiert den Lösungsvorschlag bzw. lehnt ihn ab. Im letzteren Fall: erneute Eskalation	Leitet Lösung in die Wege; entschuldigt sich beim Kunden. Falls keine Lösung: Info an Vorgesetzten

Schauen Sie sich nun noch einmal die im vorangegangenen Abschnitt kurz skizzierten Verhaltensmuster reklamierender Kunden an. Wie sollten Sie jeweils reagieren, um die Situation zu entschärfen?

Hier unsere Vorschläge:

- Wenn ein Kunde stark emotional argumentiert und mit Konsequenzen droht, sollten Sie zunächst nichts entgegnen, sondern lediglich »aktiv zuhören«. Das bedeutet, dass Sie dem Reklamierer immer wieder kurze Rückmeldungen geben, die von Ihrer Aufmerksamkeit zeugen (»Ja, ich verstehe«, »Das kann ich mir vorstellen«, »Ich verstehe Ihre Verärgerung nur zu gut« usw.). Eines ist nämlich sicher: Irgendwann geht selbst dem temperamentvollsten Kunden die Luft aus. Dann haben Sie Gelegenheit zur Entgegnung beziehungsweise zu gezielten Nachfragen. Die meisten Reklamierer kehren wieder zu einer sachlichen Gesprächsebene zurück, sobald sie sich vom Frust »freigeredet« haben. Wichtig: Lassen Sie sich keineswegs provozieren. Drohungen mit Konsequenzen überhören Sie in dieser Phase geflissentlich.
- Wenn ein Kunde Maximalforderungen stellt (»Ich will auf der Stelle mein Geld zurück«), sollten Sie diese nicht sofort barsch zurückweisen, sondern eine Alternative nennen (»Ihr Vorschlag wäre eine Möglichkeit. Ich könn-

te Ihnen aber auch anbieten, das Gerät gegen ein neues zu ersetzen«). Machen Sie dem Kunden klar, welche persönlichen Vorteile er hätte, wenn er die von Ihnen vorgeschlagene Alternative akzeptierte (»Das Ersatzgerät könnten wir Ihnen heute noch liefern. Bei einer kompletten Rücknahme müsste ich in den nächsten Tagen erst noch mit unserem Chef sprechen. Ich könnte Ihnen dann vermutlich leider erst Anfang nächster Woche Bescheid geben«).

- Wenn ein Kunde mit Ihnen nicht sprechen möchte, sondern den Geschäftsführer verlangt, sollten Sie keine Ausflüchte wählen (»Unser Chef ist in einer wichtigen Besprechung, den kann ich jetzt unmöglich stören«). Ein solches Verhalten würde nur neuerliche Frustrationen beim Kunden hervorrufen. Denn natürlich sind die meisten Reklamierer davon überzeugt, dass im Augenblick nichts wichtiger sein kann als die Lösung ihres Problems. Bewährt hat sich in solchen Fällen die Methode, den Vorschlag des Kunden aufzugreifen, das Gespräch mit dem Geschäftsführer aber sozusagen als zweite Instanz anzubieten (»Herr X ist heute im Haus. Ich werde ihm gern Ihren Wunsch vortragen. Aber so wie die Dinge liegen, bin ich überzeugt, dass auch wir zu einer für Sie befriedigenden Lösung kommen. Falls uns das wider Erwarten nicht gelingt, mache ich Sie später gern mit unserem Chef bekannt«).
- Wenn ein Kunde aggressiv und laut auftritt, lassen Sie sich nicht zu ähnlich provozierenden Bemerkungen hinreißen (»Wie kommen Sie eigentlich dazu, in meinem Büro herumzubrüllen?«), versuchen Sie statt dessen, die Atmosphäre zu entspannen (»Ich verstehe Ihren Ärger voll und ganz. Nun lassen Sie uns doch besprechen, wie wir die Sache aus der Welt schaffen können«). Auf der anderen Seite sollten Sie persönliche Angriffe oder gar Beleidigungen aber nicht akzeptieren. Häufig hilft es in solchen Fällen, das Gegenüber auf sein unmögliches Verhalten hinzuweisen (»Herr X, ich kann Ihren Ärger verstehen. Im Augenblick aber greifen Sie mich persönlich an. Das ist sicher nicht fair. Ich bin hier, um Ihnen zu helfen. Also lassen Sie uns doch die eigentliche Sache diskutieren«).
- Wenn ein Kunde an Mängel von früher erinnert, sollten Sie ihn behutsam zum eigentlichen Reklamationsgrund zurückführen (»Frau Y, das ist ja sehr bedauerlich, dass Sie so unerfreuliche Erfahrungen machen mussten. Aber lassen Sie uns doch zunächst Ihr akutes Problem lösen. Das brennt Ihnen sicher mit Recht ganz besonders unter den Nägeln«).
- Wenn ein Kunde keinen Widerspruch zulässt, so verdeutlichen Sie ihm die unterschiedlichen Betrachtungsweisen. Reagieren Sie also nicht so: »Herr X, das kann doch gar nicht sein, das stimmt doch so gar nicht«, sondern vielleicht so: »Herr X, ich kann Ihre Betrachtungsweise durchaus nachvollziehen. Nach meinen Unterlagen stellt sich die Sache aber folgendermaßen dar ...«

Wege der Konfliktlösung

Unterstellen wir zunächst, der Kunde hat die erste emotionale Phase beendet, und im anschließenden sachlichen Gespräch erkennen Sie, dass die Reklamation gerechtfertig ist. Welche grundsätzlichen Möglichkeiten sehen Sie, das Problem zu lösen? Notieren Sie kurz Ihre Vorschläge:

Vermutlich sind Ihnen die vier gängigsten Methoden in den Sinn gekommen, wie sich berechtigte Sachmängel beseitigen lassen. Sie verbergen sich hinter den folgenden juristischen Begriffen:

1. Wandlung
2. Minderung
3. Umtausch
4. Nachbesserung

Nehmen wir diese Möglichkeiten im Einzelnen unter die Lupe: Am weitesten geht die Wandlung. Darauf besteht übrigens Ihr Kunde, wenn er verlangt: »Ich will mein Geld zurück.« Mit anderen Worten, er verlangt nicht weniger als die Annullierung des Kaufvertrags. Er gibt die Ware an den Verkäufer zurück und dieser erstattet ihm den bereits gezahlten Kaufpreis.

Bei einer Minderung erhält der Käufer einen Preisnachlass. Er behält also die beanstandete Ware, zahlt aber einen geringeren Preis dafür. Natürlich ist eine Minderung auch dann noch möglich, wenn der Käufer bereits den vollen Betrag überwiesen hat. In diesem Fall erhält er den vereinbarten Preisnachlass vom Verkäufer zurückerstattet.

Auch bei einem Umtausch ändert sich nichts an der Gültigkeit des geschlossenen Kaufvertrags. Der Verkäufer ersetzt in diesem Fall die schadhafte durch eine einwandfreie Ware.

Bleibt schließlich noch die Nachbesserung. Sie erlaubt es dem Verkäufer, vor einem Umtausch, einem Preisnachlass oder gar vor der Wandlung die beanstandete Ware zu reparieren. Wichtig: Eine Nachbesserung schließt eine spätere Wandlung oder Minderung nicht aus, wenn die Reparaturversuche nicht den erhofften Erfolg bringen.

Worin liegen die Vor- und Nachteile dieser vier Methoden zur Beseitigung von Sachmängeln?

Wandlung:

Die Vorteile: Die Sache ist endgültig aus der Welt geschafft, der Kunde zufrieden. Da er nun weiß, dass der Verkäufer bereit ist, ihm im Notfall das Geld zurückzuerstatten, wenn die Ware nicht in Ordnung ist, erscheint sein Kaufrisiko künftig minimiert.

Der Nachteil: Um den Kunden möglichst zu behalten, hat der Verkäufer auf ein bereits abgeschlossenes Geschäft im Nachhinein verzichtet. Im Gegensatz zum Preisnachlass bedeutet die Wandlung für den Verkäufer einen Totalausfall.

Minderung (Preisnachlass):

Die Vorteile: Der Kunde ist schnell zufrieden gestellt, er freut sich, ein wenig gespart zu haben und nimmt kleinere Mängel dafür in Kauf.

Die Nachteile: Die Minderung macht eigentlich nur Sinn, wenn der Kunde einen »Schönheitsfehler« beanstandet. Liegen technische Probleme vor, die den Gebrauch der Ware beeinträchtigen, kommen Preisnachlässe nicht in Betracht. Zudem ist es in den meisten Fällen schwierig, sich auf eine für beide Parteien akzeptable Höhe des Preisnachlasses zu verständigen.

Umtausch:

Die Vorteile: Der Kaufvertrag bleibt gültig, der Kunde erhält neue Ware. Sollte diese einwandfrei funktionieren, hat er den Reklamationsgrund bald vergessen.

Der Nachteil: Je nachdem, in welchem Ausmaß der Verkäufer Verantwortung für den Reklamationsgrund trägt, kann ein Umtausch recht teuer sein. Es sei denn, Dritte müssen für den Umtausch aufkommen (Zulieferer, Hersteller oder Ähnliches).

Nachbesserung:

Die Vorteile: Gerade bei höherwertigen Gütern meist erheblich preiswerter als ein Umtausch.

Der Nachteil: Der Kunde besitzt zwar ein neues, aber bereits repariertes Produkt; daraus kann latentes Misstrauen erwachsen (»Wer weiß, wie oft das Gerät ausfällt, wenn es erst einmal älter ist«?).

Vorsicht bei »Risikokunden«

Wer mit einer Ware oder Dienstleistung nicht einverstanden ist, meldet sich nicht immer aufbrausend und stark emotional. Sie kennen sicher den Typus des sachlich reklamierenden und rational argumentierenden Kunden, der sich weder im Ton vergreift noch die falsche Lautstärke wählt. Gerade im Business-to-Business-Bereich ist er anzutreffen. Der Umgang mit ihm mag sehr viel angenehmer sein, doch Vorsicht vor falschen Annahmen!

Wo sehen Sie die Gefahr solcher Reklamationen?

Hier unsere Meinung: So rational, wie solche sachlichen Reklamierer ihre Gründe vorbringen, entscheiden sie auch. Im Klartext: Werden sie nicht zufrieden gestellt, erübrigt sich für diese Kunden jede weitere Diskussion. Sie denken sich ihren Teil und gehen geradewegs zu Ihrem Mitbewerber. Deshalb Vorsicht bei »stillen Wassern«: Sie sind häufig nachtragender als der tobende Kunde, für den – nachdem er »Dampf abgelassen« hat – die Welt wieder in Ordnung ist.

Darüber hinaus gehören vor allem Juristen und Journalisten zur Gruppe der »Risiko-Kunden«. Die einen sind dem Verkäufer beziehungsweise Kundendienstmitarbeiter in aller Regel in der rechtlichen Bewertung des jeweiligen Reklamationsfalles überlegen, Journalisten wiederum haben die Möglichkeit, die Angelegenheit publik zu machen, was mit einem erheblichen Imageschaden für das Unternehmen verbunden wäre.

Bedenken Sie: Viele Journalisten neigen dazu, vermeintliche oder tatsächliche Ungerechtigkeiten, die ihnen im Alltag widerverfahren, zu verallgemeinern und daraus »eine Geschichte zu machen«. Jedes Mal zum Beispiel, wenn sich die Gemahlin von Chefredakteur Frank H. über mangelnde Einkaufsmöglichkeiten beklagte, erschien wenige Tage später im Lokalteil ein feuriger Kommentar gegen die strikten Ladenöffnungszeiten ...

Ganz gleich, welche Meinung Sie persönlich zu diesem Thema haben: Kein Unternehmen kann es sich leisten, leichtfertig die Beziehungen zu Journalisten aufs Spiel zu setzen. Nicht von ungefähr gewähren viele Unternehmen den Damen und Herren von den Medien teilweise recht beachtliche »Journalistenrabatte« ...

Fazit: Bei Reklamationen von derlei »Risiko-Kunden« müssen Sie noch sensibler als ohnehin schon vorgehen. Als Vorgesetzter sollten Sie Ihre Mitarbeiter anweisen, Sie umgehend über solche Fälle zu unterrichten.

Nur zum Schmunzeln (oder zum Kopfschütteln), nicht aber zum Nachmachen soll die folgende Anekdote animieren:

Ein Tageszeitungsredakteur beschwert sich beim Kundendienst eines großen Elektrofachgeschäfts über die ungewöhnlich langwierige Reparatur seines teuren Tonbandgeräts. Der Herr vom Service zuckt gleichgültig mit den Achseln. Schließlich gibt sich der Kunde als Journalist zu erkennen und betont, dass er das Gerät dringend beruflich brauche. Daraufhin der Servicemitarbeiter muffig: »Von mir aus können Sie der Papst persönlich sein, wenn's nicht schneller geht, geht's halt nicht schneller.«

Auch solche Dialoge gehören – leider – nach wie vor zum Alltag!

Vorsicht: Kunde schaltet die Medien ein

Verärgerte Kunden drohen in manchen Fällen damit, ihre negativen Erlebnisse mit einem Unternehmen an die Medien weiterzuleiten. In der Regel kommt es zwar nicht dazu, oder aber der betreffende Journalist erkennt, dass es dem frustrierten Kunden aus ganz eigennützigen Gründen darum geht, das Unternehmen »zu bestrafen«, indem er die Angelegenheit an die Öffentlichkeit bringen möchte. Trotzdem sollten Sie derlei Drohungen nicht auf die leichte Schulter nehmen, denn es kann durchaus sein, dass der Journalist ein allgemeines Interesse der Öffentlichkeit an dem speziellen Fall erkennt und die Geschichte tatsächlich aufgreift. Damit einher geht ein erhebliches Reputationsrisiko für Ihr Unternehmen. Die Gefahr ist in den vergangenen Jahren sogar deutlich gestiegen, da sich mehr und mehr Zeitungen, Zeitschriften sowie Radio- und Fernsehsendungen mit Verbraucherthemen beschäftigen. So genannte »Aufreger«, wie sie im Journalistenjargon genannt werden, machen sich da immer gut: Geschichten von angeblich wehrlosen Verbrauchern, die hilflos den Machenschaften und der Arroganz von Händlern und Herstellern ausgeliefert sind. Vergessen Sie schließlich nicht die Vielzahl von Internetforen, in denen frustrierte Kunden ihrem Ärger freien Lauf lassen.

Kurzum, wenn ein Kunde ankündigt, sich mit seinem persönlichen Fall an die Medien zu wenden, sollten Sie dies weder als leere Drohung abtun noch ist es ratsam, unter dem Druck solcher Ankündigungen vorschnell überzogene oder ungerechtfertigte Forderungen des Kunden zu akzeptieren. Denn eine solche Nachgiebigkeit spricht sich schnell herum. Unser Praxistipp für solche Fälle:

- Nehmen Sie die Drohung des Kunden zur Kenntnis, kommentieren Sie diese aber nicht. Wer mit hämischen Bemerkungen reagiert (»Glauben Sie wirklich, die Zeitung interessiert sich für Ihre Probleme ...?«), stachelt den Kunden nur weiter auf (»Jetzt erst recht!«).
- Informieren Sie vorsorglich den Pressesprecher Ihres Unternehmens bzw. die mit der Pressearbeit beauftragten Mitarbeiter/-innen. In kleinen Firmen, die über keinen Presse-Verantwortlichen verfügen, sollte die Geschäftsleitung unterrichtet werden.
- Stellen Sie für den Fall der Fälle schon einmal alle Unterlagen zusammen, um den Vorgang dokumentieren zu können (Briefkopien, Telefonprotokolle, E-Mail-Ausdrucke usw.)

Wie gesagt, meistens geht es den verärgerten Kunden in erster Linie darum, mit ihrem Hinweis auf angebliche Medienkontakte zusätzlichen Druck aufzubauen und die Bearbeitung ihrer Reklamation zu beschleunigen. Wird die Angelegenheit dann zur beiderseitigen Zufriedenheit reguliert, ist auch die Drohung des Kunden mit einer Veröffentlichung seines Reklamationsfalles vom Tisch.

Was aber, wenn sich nach einigen Tagen tatsächlich ein Journalist bei Ihnen meldet und um Auskünfte bittet? Gerade kleinere und mittlere Unternehmen ohne Erfahrung in der Medienarbeit reagieren dann verunsichert und neigen dazu, sich in die Schweigsamkeit zu flüchten. Aus Furcht, jetzt etwas Falsches zu sagen,

sagen die Verantwortlichen lieber gar nichts und lehnen jeden Kommentar ab. Diese Strategie freilich macht den Journalisten noch skeptischer. Wir haben Ihnen nachfolgend zehn Praxistipps zusammengestellt, die Ihnen helfen, in solchen Situationen professionell zu reagieren.

1. Bleiben Sie gelassen und freundlich, auch wenn der Journalist Sie aggressiv befragen möchte.
2. Falls vorhanden, schalten Sie unmittelbar den Pressesprecher Ihres Unternehmens ein. Ansonsten informieren Sie die Geschäftsleitung.
3. Beantworten Sie zunächst keine Fragen. Bitten Sie den Journalisten um Verständnis, dass Sie sich vor einer Stellungnahme mit den näheren Details des Falles vertraut machen müssen. Sagen Sie einen Rückruf innerhalb einer bestimmten Zeitspanne zu. Halten Sie das Versprechen des Rückrufs unbedingt ein.
4. Lassen Sie sich den Namen und die Telefonnummer des Journalisten geben. Warten Sie nicht, bis sich der Betreffende erneut bei Ihnen meldet, sondern rufen Sie ihn zurück. Auf diese Weise stellen Sie fest, ob es sich überhaupt um einen Medienvertreter handelt.
5. Nehmen Sie in besonders heiklen Fällen Kontakt mit Ihrem Anwalt und einem erfahrenen externen Kommunikationsberater auf.
6. Geben Sie entweder mündlich oder schriftlich eine ausführliche Stellungnahme ab, in der Sie Ihre Sicht der Dinge darstellen. Stehen Sie dem Journalisten für Rückfragen zur Verfügung.
7. Bitten nach einem Interview vor laufender Kamera sollten Sie nach Möglichkeit entsprechen. Der Hinweis, dass sich Ihr Unternehmen zu dem Vorfall nicht äußern wollte, ist nicht imagefördernd.
8. Laden Sie den Journalisten gegebenenfalls zu einem persönlichen Gespräch ein, um die Angelegenheit eingehender diskutieren zu können. Wichtig: An diesem Gespräch sollte unbedingt ein weiterer Vertreter Ihres Hauses (noch besser: ein externer Kommunikationsberater) teilnehmen.
9. Haben Sie den Eindruck, dass der betreffende Journalist trotz erkennbar falscher Informationen zu einem vernünftigen Gespräch nicht bereit ist, zögern Sie nicht, mit seinem Vorgesetzten (Ressortleiter oder Chefredakteur) Kontakt aufzunehmen.
10. Bei nachweislich falscher Berichterstattung haben Sie die Möglichkeit einer Gegendarstellung (Anwalt einschalten). In gravierenden Fällen können Sie überdies auf einen Widerruf bestehen. Das allerdings kostet Zeit und Geld. Zielführender ist es in der Regel, gemeinsam mit der Ressortleitung oder der Chefredaktion nach einer für beide Seiten vorteilhafteren Lösung zu suchen. Dies könnte zum Beispiel ein neutraler redaktioneller Beitrag sein, in dem Sie Ihre Meinung vertreten, ohne dass darüber der Begriff »Gegendarstellung« auftaucht.

Wie Sie Reklamationen vorbeugen können

Meist hilft ein offenes Wort vorab, einer späteren Verstimmung des Kunden vorzubeugen. Solche präventiven Maßnahmen wirken vor allem bei Lieferproblemen. In der Tat gehören verspätete Lieferungen zu den häufigsten Reklamationsgründen. Wird der Kunde rechtzeitig über die zu erwartende Verzögerung informiert, lässt sich eine Verärgerung vermeiden oder doch zumindest in Grenzen halten.

Ein Beispiel: Angenommen, ein Kunde bestellt in einem Einrichtungshaus Möbel für seine neue Wohnung. Die Lieferung wird ihm für die 16. Kalenderwoche zugesagt. Bald zeichnet sich jedoch ab, dass der Hersteller aufgrund von Engpässen bei der Rohstoffbeschaffung nicht in der Lage ist, die Möbel zum vereinbarten Termin fertig zu stellen. Folglich kann auch der Verkäufer seine Zusage nicht halten. Der Kunde erhält eine Karte mit drei lakonischen Sätzen:

Sehr geehrter Herr ...,

aufgrund von Produktionsverzögerungen des Herstellers sind wir leider nicht in der Lage, die von Ihnen bestellten Möbel in der 16. Kalenderwoche auszuliefern. Wir hoffen auf Ihr Verständnis. Sobald wir nähere Informationen vom Hersteller haben, teilen wir Ihnen einen neuen Liefertermin mit.

Mit freundlichen Grüßen

Was halten Sie von dieser Nachricht?

Unsere Meinung:
Positiv anzumerken ist, dass der Kunde überhaupt rechtzeitig über die absehbare Lieferverzögerung informiert wurde, denn das ist leider nicht selbstverständlich. Der Briefstil freilich ist weit davon entfernt, eine Sympathiebeziehung zum Kunden aufzubauen. Er klingt eher wie eine Nachricht vom Finanzamt.

Wie hätten Sie einen solchen Brief formuliert?

Mein Vorschlag:

Und nun unser Vorschlag:

Sehr geehrter Herr ...,

wir hatten Ihnen die Lieferung Ihrer am ... (Datum) bestellten Möbel in der 16. Kalenderwoche zugesagt. Leider können wir unser Versprechen nicht halten.
Der Hersteller informierte uns dieser Tage, dass aufgrund von Verzögerungen bei der Rohstofflieferung die geplanten Produktionstermine verschoben werden mussten.
Wir bedauern diese Verspätung außerordentlich und bitten Sie um Nachsicht. Inzwischen wurden intern alle erforderlichen Maßnahmen eingeleitet, um Sie sofort nach Wareneingang vorrangig zu bedienen. Auch gegenüber unserem Lieferanten haben wir auf schnellstmögliche Erledigung des Auftrags gedrängt.
Sehr geehrter Herr ..., seien Sie sicher, dass wir alles tun werden, um Sie schon in naher Zukunft zufrieden zu stellen. Selbstverständlich werden wir Sie rechtzeitig über den neuen Liefertermin informieren. Sollten Sie weitergehende Fragen haben, sprechen Sie bitte mit Frau ... (Durchwahl ...).

Wir danken Ihnen sehr für Ihr Verständnis.

Mit freundlichen Grüßen

Eine weitere, wenngleich kostenintensive Möglichkeit, Reklamationen und Kundenfrust vorzubeugen, besteht darin, alle fehlerhaften Produkte schnellstmöglich zurückzurufen.

Ein Beispiel, wie man es nicht machen sollte: Herr Z kauft einen neuen PC. Bald darauf wird er auf einen Konstruktionsfehler aufmerksam. Und mit ihm Tausende anderer Kunden des Unternehmens im In- und Ausland. Der Computerkonzern will aber von Problemen nichts wissen. Die beanstandeten Fehler träten durchschnittlich nur alle 27.000 Jahre auf. Prompt greifen einige Medien diesen Fall auf und ziehen in Millionenauflage hämisch über das Unternehmen her, das am Ende den Käufern kleinlaut den kostenlosen Umtausch der Geräte anbietet.

Keine Frage, solche Umtauschaktionen verursachen gewaltige Kosten. Verständlich auch, dass Unternehmen versuchen, eine so weitreichende Maßnahme nach Möglichkeit zu umgehen. Ist aber erst einmal ein »GAU« eingetreten, hilft nur schnelles Handeln, da sonst zum Schaden noch ein Imageproblem kommt. Auch mittelständische Unternehmen sollten bei einmal erkannten Problemen mit einem Produkt so schnell wie möglich in die Offensive gehen, bevor eine wahre Flut von Reklamationen über die Firma hereinbricht.

Teil 3
So dämpfen Sie den Kundenfrust

Abgesehen von der Spezies der cholerischen Nörgler ist den meisten reklamierenden Kunden trotz ihrer anfänglich vielleicht erregten Gemütsverfassung nicht daran gelegen, mit Ihnen zu streiten oder gar Ihr Unternehmen zu übervorteilen. Auch wenn sich der eine oder die andere bisweilen einmal im Ton vergreifen mag, bleibt eine Reklamation doch ein auf nüchternen Überlegungen basierender Vorgang.

Bedenken Sie: Nur wenige Kunden beschweren sich spontan, es sei denn, sie stellen einen Mangel unmittelbar nach dem Kauf – also zum Beispiel noch im Ladengeschäft – fest. Ansonsten überlegen Kunden sehr genau:

- Welcher Aufwand an Zeit und Geld ist für eine Reklamation erforderlich?
- Welche Vorteile kann mir eine Reklamation im günstigsten Fall bringen? Ist abzusehen, dass der Aufwand in keinem Verhältnis zum persönlichen Vorteil steht, lautet die Entscheidung meist: Resignation statt Reklamation. Und das muss sich für Sie und Ihr Unternehmen keineswegs als Vorteil erweisen, denn:
- Der Kunde mag aus Gründen der nach seiner Einschätzung geringen Erfolgsaussichten auf eine Reklamation verzichten, den eigentlichen Reklamationsgrund wird er aber nicht vergessen. Er hat mit Ihrem Unternehmen eine schlechte Erfahrung gemacht und geht das nächste Mal zur Konkurrenz.
- Sie erfahren nicht, wo die Schwachstellen Ihrer Produkte oder Dienstleistungen liegen.

Bauen Sie die »Beschwerdeblocker« ab

Es liegt durchaus auch in Ihrem Interesse, »Beschwerdeblocker« abzubauen, denn wie an anderer Stelle bereits betont: Eine geringe Reklamationsquote sagt noch nichts über den Grad der Zufriedenheit aus. Versetzen Sie sich doch bitte einen Augenblick in die Lage Ihrer Kunden. Was könnte Sie letztlich davon abhalten, einen kleineren Mangel zu reklamieren?

Hier meine Vermutungen:

Und nun unsere Antworten:
Die Reklamationshürden sind für den Kunden zu hoch gesteckt. Dies könnte zum Beispiel durch die Aufforderung geschehen, die beanstandete Ware »originalverpackt«, mit einer genauen Fehlerbeschreibung sowie Kaufbeleg und Garantieurkunde an die Serviceabteilung des Unternehmens zurückzusenden. In diesem Fall wäre der Kunde gezwungen, gleich vier Hürden zu nehmen:

1. Er müsste die beanstandete Ware originalverpackt (sofern er überhaupt noch über das Verpackungsmaterial verfügt) abliefern.
2. Er müsste eine detaillierte Fehlerbeschreibung verfassen (die Erfahrung belegt, dass viele Menschen ausgesprochen ungern schreiben).
3. Er müsste alle Unterlagen suchen (die Wahrscheinlichkeit, dass einer der beiden Belege fehlt, ist groß).
4. Er müsste die Ware zur Post bringen und Porto zahlen.

Handelt es sich um einen vergleichsweise geringen Mangel, dürfte der Kunde angesichts dieser Anforderungen vermutlich resignieren – und Sie in schlechter Erinnerung behalten.

Ein weiterer »Beschwerdeblocker« sind unklare Zuständigkeitsverhältnisse. Wer ist überhaupt der Ansprechpartner Ihres Kunden? Der Hersteller, der Händler, der Kundendienst? Wird die Verantwortung hin- und hergeschoben, dürfte der Kunde ebenfalls bald resignieren und seine negativen Erlebnisse im Bekannten- und Kollegenkreis weitergeben.

Abschreckend wirken schließlich unfreundliche Reaktionen auf Reklamationen. Dahinter steckt die Strategie »Frechheit siegt«. Der Kunde wird unhöflich und schnippisch abgefertigt. Man dreht den Spieß um und weist dem Reklamierer die Verantwortung zu: »Warum glauben Sie denn, dass wir eine Bedienungsanleitung beilegen? Wenn Sie die nicht lesen, kann ich auch nichts ändern, dann sind Sie selbst schuld ...«

Ein solches Verhalten schürt in der Regel zunächst einmal die Aggression des Kunden – verständlicherweise, wie wir hinzufügen möchten. Stößt er jedoch auf andauernden Widerstand und handelt es sich um keinen wirklich schwerwiegenden Reklamationsgrund, wird der Kunde in vielen Fällen ebenfalls resignieren. Schließlich gilt es, die Verhältnismäßigkeit der Mittel zu wahren. Niemand wird etwa wegen einer Lappalie Verbraucherverbände oder gar Anwälte einschalten. dass Sie den Kunden in diesem Fall endgültig verloren haben und dass er (»subtile Rache«) seine schlechten Erfahrungen weitergeben wird, bedarf wohl keiner Erwähnung.

Welche Schlussfolgerungen sollten Sie daraus für Ihr Reklamationsmanagement ziehen?

Hier unsere Tipps:

1. Bauen Sie keine »Beschwerdehürden« auf. Machen Sie es dem Kunden einfach, sich zu beschweren. Denn jede Reklamation ist im Grunde eine Kommunikation mit Kunden. Sie haben die Chance, ihn zu versöhnen.
2. Schaffen Sie klare Verhältnisse. Der Kunde muss wissen, an wen er sich mit seiner Reklamation wenden kann. Kein Versteckspiel, kein Hin- und Herschieben der Schuld.
3. Egal, ob Sie mündlich oder schriftlich auf eine Reklamation reagieren: Besserwisserei, Belehrungen oder sogar Zurechtweisungen dürfen nicht vorkommen. Machen Sie diesen Punkt auch Ihren Mitarbeitern und Mitarbeiterinnen mit besonderem Nachdruck klar. Vermitteln Sie immer wieder folgende Kernbotschaften:
   - Es ist nicht im Interesse unseres Unternehmens, dass eine Reklamation von vornherein abgeschmettert wird.
   - Jeder reklamierende Kunde verdient Aufmerksamkeit und eine höfliche Behandlung, unabhängig davon, ob sich die Reklamation am Ende als berechtigt erweist oder nicht.
   - Die Mitarbeiterin oder der Mitarbeiter, die/der die Reklamation entgegennimmt, trägt zunächst einmal die Verantwortung für deren Erledigung. Nur in Ausnahmefällen ist der Chef hinzuzuziehen.

Tabu-Liste: Diese Formulierungen bitte streichen!

Auf den richtigen Umgang mit reklamierenden Kunden im persönlichen Gespräch gehen wir später noch detailliert ein. Doch schon an dieser Stelle sollten Sie imageschädigende Negativ-Floskeln aus Ihrem Repertoire streichen. Es gibt nämlich Bemerkungen, die reklamierende Kunden auf die Palme bringen. Die folgenden Sätze zum Beispiel sollten für Sie und Ihre Mitarbeiter absolut tabu sein:

Diese Formulierungen bitte sofort löschen:

Ich kann Ihnen da leider nicht helfen. Und der Kollege ist in Urlaub. Seine Vertreterin ist krank. Am besten, Sie kommen nächste Woche noch mal.

Warum schimpfen Sie denn mit mir? Ich kann doch nichts dafür!

Im Moment kann ich gar nichts unternehmen. Der Computer ist abgestürzt. Am besten, Sie rufen noch mal an.

Ja, haben Sie denn eigentlich die Vertragsbestimmungen nicht aufmerksam gelesen ...?

Das kann doch gar nicht sein ...

Moment bitte, ich habe noch einen wichtigen Kunden.

Was soll ich Ihnen dazu sagen ...?

Ich weiß ja auch nicht. (Alternative: *Was weiß denn ich ...?)*

Sie können mir alles erzählen, aber ich kann das nachträglich nicht prüfen.

Das kann ich mir überhaupt nicht vorstellen.

Mein Gott, jetzt beruhigen Sie sich doch!

Dafür können Sie mich nicht verantwortlich machen.

Ich kann Ihnen gar nichts versprechen ...

Sie haben mich nicht richtig verstanden.

Was Ihre Kunden sonst noch auf die Palme bringt …

Nun noch ein paar (leicht ketzerische) »Anregungen« unsererseits:

- Man kann dem Kunden immer zusagen, ihn zurückzurufen. Nur einhalten darf man das Versprechen nie.
- Auf eine schriftliche Reklamation niemals reagieren. Sie erledigt sich in der Regel von selbst.
- Auf einen groben Klotz gehört ein grober Keil: Wenn Ihnen ein Kunde auf die aggressive Tour kommt, stauchen Sie ihn erst einmal tüchtig zusammen.
- Hauptsache, die Ware ist verkauft. Wenn der Kunde nachher Pech hat, ist das seine Sache. So ist das Leben. Deshalb alle Reklamationen zurückweisen.
- Erweist sich ein Kunde als ausgesprochen hartnäckig, hilft nur eine Strategie: richtig dumm stellen. Am besten, Sie schicken den Nörgler gleich in die nächste Abteilung zur wenig geliebten Kollegin. Dann sind Sie ihn zumindest für eine Weile los.
- Manchmal muss man den Kunden tüchtig Angst machen. Vorschlag: »Oh je, das sieht aber böse aus. Das wird nicht billig …«
- Signalisieren Sie dem reklamierenden Kunden demonstratives Desinteresse: Der Verzehr des Frühstücksbrotes während des Gesprächs erweist sich als besonders probat.

Wichtig: Die sorgfältige Bestandsaufnahme

Eine Reklamation sorgfältig und detailliert aufzunehmen, bedeutet keineswegs, den ohnehin schon verärgerten Kunden mit Dutzenden unwichtiger Fragen zu nerven. Es geht vielmehr darum, die oftmals in erregter Gemütsverfassung vorgetragene Beschwerde auf ihren nüchternen Kern hin zu reduzieren und damit den Weg zu ebnen für eine schnelle Bearbeitung der Angelegenheit. Versuchen Sie Antworten auf die folgenden drei Fragen zu bekommen:

1. Wer reklamiert?
2. Wurde das Problem richtig dargestellt?
3. Handelt es sich um eine Pseudo-Reklamation?

Wer trägt die Reklamation vor?

Natürlich der Kunde, werden Sie vielleicht jetzt antworten. In den meisten Fällen ist das richtig, mitunter aber wird die Beschwerde von einem an sich unbeteiligten Dritten vorgetragen.

Nehmen wir den folgenden Fall: Christiane R. ist verärgert. Sie hat sich vor einigen Monaten eine neue Hi-Fi-Anlage gekauft, die seither allerdings häufiger in der Werkstatt ihres Händlers stand als zu Hause im Wohnzimmer. Auch nach der jüngsten Reparatur ist die Kundin nicht hundertprozentig zufrieden. Andererseits gilt Christiane R. als ein wenig konfliktscheu. Die ständigen Reklamationen und der damit zwangsläufig verbundene Ärger gehen ihr allmählich auf die Nerven. Also beschließt sie, in dieser Sache nichts mehr zu unternehmen, auch wenn ihr Gerät nach wie vor nicht die versprochene Leistung bringt.

Ihre Freundin Sabine F. hingegen gilt eher als Kämpfernatur: »Lass Dir das ja nicht bieten«, stachelt sie Christiane R. an, »das Gerät hat offensichtlich einen Produktionsfehler. Die müssen dir eine neue Anlage geben.« Als die friedliebende Freundin aber mit fatalistischer Geste abwinkt, ergreift Sabine F. selbst die Initiative: Sie beschließt, sozusagen als »Anwältin« ihrer Freundin, die Sache von nun an in die eigene Hand zu nehmen. In der Tat: Am Tag darauf steht sie im Ladengeschäft des Händlers und trägt ebenso eloquent wie fordernd »ihre« Reklamation vor.

Wo liegen aus Ihrer Sicht die Risiken einer solchen stellvertretend vorgetragenen Reklamation?

Hier die Risiken aus unserer Sicht:

- Die Freundin kennt die Hintergründe nur aus zweiter Hand. Eine objektive Beurteilung ist daher kaum zu erwarten.
- Darüber hinaus dürfte ihr die »Vorgeschichte« der Reklamation nur bruchstückhaft bekannt sein.
- Schließlich steht die Freundin quasi unter Erfolgsdruck. Sie hat immerhin zugesagt, sich um die Angelegenheit zu kümmern. Erreicht sie nichts, wäre dies eine persönliche Niederlage.

All diese Aspekte tragen dazu bei, eine wirklich sachliche Bestandsaufnahme als Grundlage für eine endgültige Entscheidung über die Reklamation zu erschweren. Unser Tipp daher: Wenn Sie nicht genau wissen, ob der Reklamierer auch tatsächlich Ihr Kunde ist, stellen Sie Detailfragen (»Wie häufig war das Gerät in Reparatur?«, »Wann zum letzten Mal?«, »Welcher Kollege hat Sie das letzte Mal betreut?« usw.). Wird offenkundig, dass die Reklamation stellvertretend vorgetragen wird, prüfen Sie den Sachverhalt besonders genau, zum Beispiel anhand der vorliegenden Unterlagen. Machen Sie keine spontanen Zusagen, die Sie nach exakter Analyse des Sachverhalts nicht einhalten können. Vereinbaren Sie stattdessen mit dem reklamierenden Kunden einen festen Zeitpunkt, zu dem Sie sich wieder melden (»Frau Meuth, ich werde mich um die Sache kümmern und rufe Sie morgen im Laufe des Vormittags unter Ihrer Geschäftsnummer an. Sagt Ihnen dieser Termin zu ...?«).

Wurde das Problem richtig dargestellt?

Wie bereits erwähnt, dürfen Sie von einem angesichts der negativen Erfahrung mit Ihrer Ware oder Ihrer Dienstleistung enttäuschten Kunden keine wirklich völlig objektive Darstellung der Fakten erwarten. Er wird die Sache dramaturgisch zuspitzen. Das sollten Sie akzeptieren, denn wie gesagt: Der enttäuschte Kunde hat ein Recht, erbost zu sein. Falsch wäre es, den Reklamierer zu korrigieren oder ihm – schlimmer noch – ins Wort zu fallen. Folgender authentischer Fall soll verdeutlichen, wie Sie auf gar keinen Fall reagieren sollten:

Vor drei Monaten hat sich Manfred K. ein neues Handy gekauft. Auf einer Dienstreise, als er das Mobiltelefon dringend gebraucht hätte, fiel der Akku aus. Am nächsten Tag geht Herr K. zu seinem Elektrofachhändler. Für seine Reklamation opfert er sogar seine Mittagspause: »Ich habe dieses Gerät vor vier Wochen bei Ihnen gekauft – und nun fällt schon der Akku aus ...« Die zunächst reichlich desinteressiert wirkende Verkäuferin wirft einen Blick auf den Kassenzettel und entwickelt plötzlich ungeahntes Temperament: »Was reden Sie denn da? Von wegen vier Wochen. Vor drei Monaten haben Sie das Gerät gekauft ...« Der Kunde ist verdutzt: »Wie bitte ...?« Wieder fällt ihm die Verkäuferin ins Wort: »Na hier steht's doch. Das stimmt doch gar nicht, was Sie mir da erzählen ...«

In der Tat, ein authentischer Fall, auch wenn man's nicht glauben mag. Einmal abgesehen von der unmöglichen Art, wie die Verkäuferin auf die Reklamation reagierte, war der Streit völlig überflüssig. Die Gewährleistungsfrist betrug sechs Monate. Der Akku musste also ersetzt werden, egal, ob er nun nach vier Wochen, drei Monaten oder erst nach fünf Monaten ausgefallen ist.

Die Frage, ob der Kunde den Tatbestand richtig wiedergibt, sollte nicht zur kleinlichen Prüfung aller Details verleiten, zumal wenn diese zur Beurteilung des Falles unerheblich sind. Eine andere Situation tritt ein,

- wenn der Kunde auf Gewährleistung besteht, der Kauftermin aber nicht mehr exakt festzustellen ist,
- wenn der Kunde angibt, die Wartungsintervalle der Maschine seien eingehalten worden, dies aber nicht mehr nachvollziehbar erscheint,
- wenn der Kunde behauptet, von einem Mitarbeiter nicht hinreichend beraten worden zu sein, obgleich dies objektiv nicht zutrifft.

In diesen und vielen anderen unklaren Fällen muss der Servicemitarbeiter, der die Reklamation entgegennimmt, die Angelegenheit zunächst prüfen. Immerhin kann er nicht ausschließen, dass der Kunde entweder aus mangelnder Sachlichkeit aufgrund seiner erregten Gemütsverfassung oder aber, weil er sich nicht mehr so recht zu erinnern vermag, die Sachlage falsch darstellt. Auch in diesem Fall sollten Sie

- keinesfalls die Glaubwürdigkeit des Kunden bezweifeln (»Was Sie sagen, entspricht nicht der Wahrheit«),
- um etwas Geduld bitten, damit Sie die Angelegenheit prüfen können,
- einen festen Termin zusagen, wann Sie sich beim Kunden melden.

Handelt es sich um eine Pseudo-Reklamation?

Verständlich ist es ja: Reparaturen sind teuer, und deshalb wird der Kunde alles versuchen, um auch nach Ablauf der Garantiezeit auf dem Weg der Kulanz eine kostenlose oder zumindest preiswertere Instandsetzung der schadhaften Ware durchzusetzen. Oder aber Ihr Kunde überzieht Sie unmittelbar nach Lieferung mit zahlreichen Reklamationen, um Preisnachlässe herauszuschinden. Auch solche Fälle gibt es bekanntlich zuhauf. Wie Sie darauf reagieren sollten, erfahren Sie im Teil 7 (»Reklamationen, die keine sind«), ab Seite 101. Doch schon an dieser Stelle sei betont: Keine Zusagen machen, bevor nicht feststeht, dass die Reklamation entweder berechtigt ist, oder Sie aber aus Gründen der Kulanz bereit sind, die Sache aus der Welt zu schaffen.

Fassen wir zusammen:

Sofern an der Berechtigung einer Reklamation Zweifel bestehen, sollten als Grundlage für die spätere Entscheidung folgende Punkte schriftlich festgehalten werden:

1. Wer reklamiert? Der Kunde selbst oder ein Beauftragter?
2. Wie schildert der Kunde die Angelegenheit? Wie stellt sie sich aus Sicht des Unternehmens dar?
3. Besteht überhaupt irgendein Anspruch auf Garantieleistungen?
4. Was fordert der Kunde?
5. Was kostet die Mängelbeseitigung ungefähr?
6. Bis wann wurde dem Kunden eine Entscheidung zugesagt?

Reklamationsmanagement optimal organisieren

Generell gilt die Devise, die Entscheidungskompetenz bei Reklamationen bis zu einer bestimmten, von der Unternehmensleitung festzulegenden Größenordnung nach unten zu delegieren. Wenn sich ein Kunde berechtigterweise über ein mangelhaftes Produkt oder eine Dienstleistung beschwert, hat er Anspruch auf Ersatz, Reparatur oder Preisnachlass. Solche Fälle sollten schnell und unbürokratisch entschieden werden und nicht etwa auf dem Schreibtisch des Chefs landen.

Trotz dieser allgemeinen Empfehlung muss sich die Organisation eines erfolgreichen Reklamationsmanagements an folgenden Kriterien orientieren:

- Art des Kundenkontakts (direkt oder indirekt?)
- Struktur der Kundschaft (wenige Großkunden oder aber Millionen von kleineren Kunden)
- Vertriebswege (direkt oder über den Handel)
- Produktart

Wo liegen aus Ihrer Sicht zum Beispiel die entscheidenden Unterschiede zwischen dem organisatorischen Aufbau eines Reklamationsmanagements in einem Hotel und bei einem Reiseveranstalter?

Meine Meinung:

Hier unsere Antwort:
Sowohl in der Hotellerie als auch in der Gastronomie besteht ein sehr direkter Kundenkontakt. Wurde der Gast etwa bereits um sechs Uhr in der Früh aus dem Schlaf gerissen, weil just an diesem Tag Bauarbeiter ans Werk gingen, so beschwert sich der so unsanft Geweckte an der Rezeption. Hat der teure Riesling-Wein Korkgeschmack, meldet sich der Gast beim Ober.

Es liegt auf der Hand, dass in dieser Branche das Beschwerdemanagement sehr dezentral erfolgen muss. Ob der Hotelgast einen zwanzigprozentigen Preisnachlass auf seine Zimmerrechnung erhält, das muss die Dame oder der Herr an der Rezeption entscheiden können. Es wäre grotesk, solche Reklamationen etwa von einer zentralen Abteilung in der Hauptverwaltung der Hotelkette bearbeiten zu lassen. Von Leuten also, die mit den Gästen keinerlei direkten Kontakt haben.

Ähnliches gilt für unser zweites Beispiel: Reklamiert der Gast die Qualität des Weines, so erhält er umgehend eine andere Flasche – und eine Entschuldigung obendrein. Kaum vorstellbar, dass der Ober zunächst den Geschäftsführer oder Inhaber ruft, der sich dann auf eine Diskussion mit seinem Gast über die Berechtigung der Reklamation einlässt.

Obwohl eine sehr eng verwandte Branche, stellt sich die Situation für einen Reiseveranstalter ganz anders dar. Wenn Familie Motz frustriert aus dem Urlaub zurückkehrt, weil das Hotelzimmer hässlich, das Essen schlecht und der Strand einen halben Tagesausflug entfernt war, wird sie nicht etwa im Reisebüro reklamieren, vielmehr dürfte Herr Motz sofort einen gepfefferten Beschwerdebrief an den Veranstalter schicken und die Rückerstattung eines Teils des bereits gezahlten Reisepreises verlangen. Denn Herr Motz weiß: Das Reisebüro hat nur vermittelt; für den Einkauf von Hotelkapazitäten und alle Angaben im Katalog ist der Veranstalter zuständig. In diesem Fall gibt es zur zentralen Reklamationsbearbeitung keine Alternative. Die Reisebüros würden sich mit Recht dagegen wehren, sich als dezentrale Anlaufstellen für Reklamationen einschalten und sich gleichsam zum Prügelknaben der Veranstalter machen zu lassen.

Halten wir an dieser Stelle schon einmal fest:

Grundsätzlich lässt sich das Reklamationsmanagement zentral und dezentral organisieren. In der Regel entscheiden die spezifischen Gegebenheiten der Branche beziehungsweise die Art des Kundenkontakts, welche Form die bessere ist.

Indessen lässt sich nicht immer eine klare Trennungslinie ziehen. Häufig bedarf es sowohl eines zentralen als auch eines dezentralen Reklamationsmanagements. Ein Beispiel hierfür sind Automobilhersteller und ihre Vertragshändler. Erscheint in dieser Branche zentrales oder dezentrales Beschwerdemanagement sinnvoller?

Ich meine,

und zwar aus folgenden Gründen:

Wir meinen, erforderlich ist eine enge Verzahnung von dezentralem und zentralem Reklamationsmanagement. Der Käufer entscheidet sich zwar für eine bestimmte Marke, sein Ansprechpartner ist allerdings der Vertragshändler vor Ort. Dort bestellt man sein Auto, dort zahlt man und in aller Regel werden in dem betreffenden Autohaus auch die notwendigen Wartungen und Reparaturen ausgeführt. Verständlich, dass sich bei Reklamationen der Kunde zunächst an den Händler wendet, der entsprechend den Garantiebedingungen des Herstellers Reparaturen während der Gewährleistungszeit kostenlos ausführt.

So weit, so gut. Nehmen wir nun den Fall Peter Pech. Seit Herr Pech seinen neuen Wagen – damals noch recht stolz – übernommen hat, folgte eine Panne der nächsten. Ein regelrechtes »Montagsauto«. Immer wieder musste das Fahrzeug in die Werkstatt, doch die Kfz-Mechaniker bekamen die Probleme einfach nicht in den Griff. Als Peter Pech dann sogar während einer Urlaubsfahrt unterwegs liegen blieb, platzte ihm der Kragen: Da sich die Werkstatt seines Autohändlers als unfähig erwiesen hatte, die Mängel zu beheben, schrieb Herr Pech einen Beschwerdebrief an den Hersteller. Nach einer Prüfung der Angelegenheit erklärte sich das Unternehmen bereit, den Motor des Fahrzeugs komplett auszutauschen. Herr Pech erhielt während der Reparaturdauer zudem einen kostenlosen Leihwagen. Der Händler hätte eine so weitgehende Entscheidung allein nicht treffen können.

Ein weiteres Beispiel: Die Kundin einer Bank überwies einem ausländischen Unternehmen, das ein Konto im Inland unterhielt, einen Geldbetrag. Ihr Institut verlangte für diesen Auftrag allerdings die hohen Gebühren für Auslandsüberweisungen. Die Kundin beschwerte sich bei der Bankmitarbeiterin, die mit der Bemerkung reagierte, das sei in der Tat »schon sehr sonderbar«. Wahrscheinlich läge ein Irrtum vor. Die Bankangestellte versprach, die Angelegenheit am Mittag mit ihrer Filialleiterin zu besprechen.

Diese rief wenige Stunden später zurück und erklärte, die Sache sei schon in Ordnung. Da das inländische Konto von einem Ausländer unterhalten werde (also einem »Gebietsfremden«), entstünden dieselben Gebühren wie bei einer Auslandsüberweisung. Die Kundin widersprach mit dem Hinweis, Kontoinhaber sei eben nicht das ausländische Unternehmen, sondern dessen inländische Tochtergesellschaft. Darauf meinte die Filialleiterin ziemlich schnippisch, das könne sie nun beim besten Willen nicht prüfen.

Die Kundin war sauer. Sie schickte ein Fax an die Zentrale der Bank. Diese wiederum forderte die Chefin der Filiale auf, die Angelegenheit klären zu lassen. Und plötzlich stellte sich heraus: Die Kundin hatte Recht. Sie erhielt die bereits abgebuchten Gebühren zurückerstattet.

Ein ähnlicher Fall: Frau A. ist wütend. Da kauft sie für viel Geld ein neues Kleid, doch bereits nach dem ersten Waschen ist es eingelaufen. Die Kundendienstmitarbeiterin des Textilgeschäfts will die Reklamation nicht anerkennen: »Sie haben bestimmt eine zu hohe Temperatur gewählt oder Ihre Waschmaschine ist kaputt«, behauptet sie. Die Kundin bestreitet dies und besteht auf Umtausch oder Rückerstattung des Kaufpreises. Die Mitarbeiterin jedoch verweist stereotyp auf ihre Vorschriften.

Die Kundin beschwert sich bei der Zentrale des Unternehmens. Diese reagiert nach wenigen Tagen mit einem Fax an die betreffende Niederlassung. Lakonisch heißt es darin: »Regeln Sie diese Angelegenheit bitte im Interesse der Kundin.«

Die drei zitierten Beispiele (Autohaus, Bank und Textilkaufhaus) beweisen: In vielen Bereich besteht ein Dualismus aus zentralem und dezentralem Reklamationsmanagement.

Welche Gefahren beinhaltet eine solche Lösung aus Ihrer Sicht?

Und nun unsere Meinung:
In allen genannten Fällen waren die Kunden mit den Leistungen des dezentralen Reklamationsmanagements unzufrieden. Sie wandten sich an den Hersteller oder an die Zentrale des Unternehmens, weil sie darin sozusagen eine »Revisionsinstanz« erkannten, die sie nur deshalb bemühten, weil sie das »Urteil« der ersten Instanz nicht akzeptieren konnten. Dies hat gleich in zweierlei Hinsicht negative Konsequenzen:

1. Beim Kunden entsteht zwangsläufig der Eindruck, sein Ansprechpartner vor Ort verfüge nicht über hinreichende Kompetenzen, um über Reklamationen zu entscheiden.

2. Dies geht mit einem nicht zu unterschätzenden Vertrauensverlust zwischen zwei Partnern einher, die auch künftig miteinander zu tun haben werden. Im Klartext: Die Bankkundin dürfte auch in Zukunft mit den Mitarbeitern und Mitarbeiterinnen ihrer Filiale sprechen und sich nicht etwa in Routinefragen Informationen von der fernen Zentrale einholen.

Halten wir abschließend fest:

- Je unmittelbarer der Kontakt zwischen Kunde und Unternehmen (Hotel, Gastronomie), desto wichtiger erscheint ein dezentrales Reklamationsmanagement.
- Vertreibt ein Unternehmen sein Produkt über den Groß- und Einzelhandel, wird sich im Konfliktfall der Kunde häufig direkt mit dem Hersteller in Verbindung setzen. In diesem Fall gewinnt das zentrale Reklamationsmanagement an Bedeutung. Gleiches gilt natürlich, wenn ein Unternehmen seine Waren oder Dienstleistungen direkt an die Kunden vermarktet. Dann nämlich bietet sich gar keine Alternative, als eine Beschwerde gleich dem Hersteller oder Dienstleistungserbringer vorzutragen.

- Daneben gibt es Branchen, in denen sozusagen ein zweigleisiges Reklamationsmanagement notwendig erscheint. Dies trifft besonders dann zu, wenn eine enge Beziehung zwischen Kunde und Händler beziehungsweise Kunde und Filiale besteht. In solchen Fällen wendet sich der Reklamierer erst dann an die zentrale Beschwerdestelle, wenn er sich »vor Ort« schlecht behandelt fühlt.

Anforderungen an das Servicepersonal

Ob Ihr Reklamationsmanagement am Ende wie gewünscht funktioniert und Sie die daraus resultierenden Chancen zur Vertiefung Ihrer Kundenbeziehung nutzen können, hängt entscheidend von der Frage ab, inwieweit das Personal diese Maximen umsetzt.

Welche Botschaften müssten aus Ihrer Sicht den Mitarbeiterinnen und Mitarbeitern vermittelt werden, um ein effizientes Reklamationsmanagement sicherzustellen? Notieren Sie bitte Ihre Antworten:

Hier nun unsere Vorschläge:

- Reklamationen bieten unserem Unternehmen Chancen, sich gegenüber den Kunden zu profilieren!
- Besser ein reklamierender Kunde als ein verlorener Kunde!
- Wer reklamiert, ist in der Regel enttäuscht. Er hat ein Recht, emotional zu argumentieren!
- Wann immer möglich, sollte das Reklamationsmanagement dezentral organisiert werden.
- Reklamationen müssen wir schnellstmöglich bearbeiten. Mit jedem Tag Verzögerung wächst der Frust des Kunden.

Diese Botschaften gilt es in Gesprächen, Seminaren, in Hauszeitschriften und Rundschreiben zu vermitteln.

Nun noch eine wichtige Frage zum Schluss: Welche Charaktereigenschaften sollten nach Ihrer Meinung Servicemitarbeiter auszeichnen, die Reklamationen entgegennehmen und bearbeiten?

Sie sollten ...

Sie sollten nicht ...

Schließlich unsere Meinung:

Servicemitarbeiter sollten

- über diplomatisches Geschick verfügen,
- bereit sein, Fehler zuzugeben,
- sich niemals provozieren lassen,
- sich in die Lage des Kunden versetzen können,
- Interesse und Aufmerksamkeit zeigen,
- zuverlässig in der Bearbeitung des Falles sein.

Servicemitarbeiter sollten nicht

- glauben, sie müssten Reklamationen als »Gefahr« für das Unternehmen verhindern,
- besserwisserisch auftreten,
- über ein herrschsüchtiges Temperament verfügen,
- in jeder Reklamation Schikanen sehen,
- der Ansicht sein, besonders aggressive Reklamierer »erziehen« zu müssen.

Teil 4
Auf schriftliche Reklamationen professionell reagieren

Im Zeitalter der schnellen Kommunikation ist auch die Zahl der schriftlichen Beschwerden zurückgegangen. Wer mit einer Ware oder Dienstleistung unzufrieden ist und seine Reklamation nicht direkt beim Einzelhändler oder Handwerker persönlich vorbringen kann, greift entweder zum Telefonhörer oder schreibt eine kurze E-Mail. Für die Beantwortung der »elektronischen Post« gelten besondere Regeln, auf die wir am Ende dieses Kapitels detaillierter eingehen werden. Zunächst aber zur Frage, wie Sie auf Beschwerdebriefe professionell reagieren sollten, um das Problem des Kunden zu lösen und sein Vertrauen in Ihr Unternehmen wiederherzustellen. Denn trotz der Möglichkeit, persönlich, telefonisch oder per E-Mail zu reklamieren, ziehen manche Verbraucher den brieflichen Kontrakt vor. Und dabei gilt: Schreibt Ihnen der enttäuschte Kunde erst einmal einen Brief, ist der Grad der Verärgerung meistens groß. Das ist im Übrigen der Grund, weshalb viele Beschwerdebriefe gleich an die höchste Hierarchie-Ebene im Unternehmen adressiert werden – sprich: an die Geschäftsleitung oder den Vorstand. In der Regel ging der schriftlichen Beschwerde bereits ein negatives Serviceerlebnis voraus. Hierzu einige Beispiele aus der Praxis:

- Der Kunde reklamierte zunächst telefonisch. Er war mit einem Callcenter verbunden, dessen Mitarbeiter/-innen ihn zwar mit aufgesetzter Höflichkeit behandelten, aber erkennbar wenig Kompetenz oder Interesse hatten, das Problem wirklich zu lösen. Die Reklamation wurde entgegengenommen, doch hatte der Kunde nicht den Eindruck, dass man sich ernsthaft bemüht. Bei einem weiteren Anruf musste er einer anderen Callcenter-Mitarbeiterin noch einmal den gesamten Vorgang erklären. Der Kunde fühlte sich hingehalten und beschwerte sich schriftlich bei der vorgesetzten Stelle.

- Der Kunde beschwerte sich persönlich und wurde schlecht behandelt. Sei es, dass sich der Servicemitarbeiter gleichgültig zeigte (»Ja, da kann ich Ihnen auch nicht helfen. Das macht meine Kollegin, die ist aber jetzt für drei Wochen in Urlaub«), sei es, dass er das Problem des Kunden nicht ernst nahm (»Da sind Sie aber der Erste, der sich beschwert«).

- Der Kunde schickte eine E-Mail und trug darin sein Problem vor. Er erhielt daraufhin eine unpersönliche Antwort, die aus verschiedenen, nicht zueinander passenden Textbausteinen besteht.

Was auch immer im Vorfeld passiert sein mag, fest steht: Wenn der Kunde erst einmal Briefe schreibt, hat die Angelegenheit eine höhere Eskalationsstufe erreicht. Er ist nachhaltig verärgert und hat den Eindruck, dass ihm jetzt nur noch eine »höhere Instanz« helfen kann. Daher schreiben viele gleich an die Geschäftsleitung oder an den Vorstand. Wenn es ernst wird, geht man bekanntlich gleich zu »Schmidt« und nicht zu »Schmidtchen«.

Für Sie bedeutet dies: Es besteht höchste Gefahr, einen Kunden dauerhaft zu verlieren. Zudem dürfte er seine negativen Serviceerlebnisse weitererzählen – seinen Freunden, Bekannten und Kollegen. Kommt dies häufiger vor, gerät das Unternehmen schnell in den Ruf, arrogant und wenig kundenorientiert zu sein. Deshalb ist es wichtig, in dieser Phase professionell zu reagieren. Handelt es sich um ein offenkundiges Missverständnis, können Sie natürlich auch eine schriftliche Beschwerde mit einem Anruf schnell aus der Welt schaffen und Ihren Kunden zufrieden stellen. Ansonsten aber gilt: Schriftliche Reklamationen (egal, ob per Brief oder Fax) sollten schriftlich beantwortet werden – und zwar innerhalb einer vertretbaren Zeitspanne von maximal zwei Wochen.

Die sieben wichtigsten Ziele Ihres Briefes

Doch gehen wir zunächst Schritt für Schritt vor: Sie haben einen Beschwerdebrief bekommen und möchten entweder selbst reagieren oder einen Ihrer Mitarbeiter damit beauftragen. Ganz gleich, wer mit dem Kunden korrespondiert, wichtig ist vor allem, dass der oder die Betreffende weiß, welche Ziele mit dem Antwortschreiben erreicht werden sollen. Hier die wichtigsten im Überblick:

1. **De-Eskalation einleiten:** Unabhängig davon, ob es sich um eine berechtigte Reklamation oder um die unbegründete Beschwerde eines notorischen Nörglers handelt, sollten Sie in einem freundlichen Ton wieder zu einem sachlichen und emotionsfreien Dialog zurückfinden. Zugegeben, das fällt nicht immer leicht – zumal dann, wenn der Kunde seinen Brief womöglich sehr scharf und aggressiv formuliert hat. Bedenken Sie aber, dass solche Scheiben meist in höchstem Erregungszustand verfasst werden. Der Kunde will »Dampf ablassen«. Versuchen Sie, selbst aggressive Töne nicht persönlich zu nehmen.
2. **Dem Kunden zeigen, dass Sie sein Problem verstehen.** Bringen Sie den Reklamationsgrund prägnant auf den Punkt, ohne eine Bewertung abzugeben. Der Kunde sollte spüren: »Jetzt haben sie mich verstanden.«
3. **Glaubwürdigkeit vermitteln:** Schildern Sie dem Kunden nachvollziehbar die Hintergründe und Ursachen für eine mögliche Fehlleistung Ihres Unternehmens. Teilen Sie ihm mit, wie Sie solche Mängel künftig verhindern wollen und entschuldigen Sie sich für das Problem. Reklamiert der Kunde hingegen zu Unrecht, so machen Sie ihm in höflicher, aber bestimmter Form deutlich, dass Sie so und nicht anders entscheiden können.
4. **Lösungen beziehungsweise Alternativen anbieten:** Unterbreiten Sie dem Kunden einen Vorschlag zur Bereinigung der Angelegenheit. Falls möglich, zeigen Sie Alternativen auf. Formulieren Sie dabei klar und präzise, um Rückfragen zu vermeiden, denn die kosten Zeit und Geld. Ist die Reklamation jedoch unberechtigt, weil der Fehler eindeutig beim Kunden liegt, so geben Sie ihm nach Möglichkeit konkrete Hinweise, wie er künftig ähnliche Probleme vermeiden kann. Verfallen Sie dabei aber niemals in einen »Schulmeister-Ton«.
5. **Klar die weiteren Abläufe aufzeigen:** Teilen Sie dem Kunden die nächsten Schritte mit, um neue Missverständnisse zu vermeiden. Er muss wissen (und sich darauf verlassen können), was Sie unternehmen und was er gegebenenfalls selbst veranlassen muss (zum Beispiel Unterlagen einreichen, die defekte Ware einschicken o. Ä.).
6. **Kompetenz und Qualitätsorientierung demonstrieren:** Der Kunde sollte den Eindruck gewinnen, dass Sie professionell arbeiten und Reklamationen die Ausnahme darstellen. Bei berechtigten Beschwerden danken Sie dem Kunden ausdrücklich, weil er Sie auf Service- und/oder Pro-

duktmängel hingewiesen hat. Dadurch können Sie die Qualität Ihrer Waren und Dienstleistungen weiter gezielt optimieren.

7. **Ein gutes Gefühl hinterlassen:** Idealerweise sollte der Kunde spüren, selbst bei Problemen bei Ihnen »gut aufgehoben« zu sein. Sie haben sich als Freund in der Not bewährt. Das kann dazu beitragen, die Kundenbeziehung, die so akut bedroht schien, dauerhaft zu festigen.

Vermutlich fragen Sie sich jetzt, wie sich all diese anspruchsvollen Ziele in einem einzigen Brief unterbringen lassen. Dazu eines vorab: Das Antwortschreiben auf eine Reklamation ist kein Werbebrief, der in der Regel mit einer Seite auskommen muss. Sie wollen Ihrem Kunden nichts verkaufen, sondern sein Problem lösen und verloren gegangenes Vertrauen wieder herstellen. Wenn hierzu eine Seite nicht ausreicht, setzen Sie den Brief auf einer zweiten Seite fort. Darüber hinaus lassen sich die genannten sieben Ziele ideal in den typischen Aufbau eines Beschwerde-Antwortschreibens einbauen. Das nachfolgende Schema zeigt Ihnen, wo Sie welche Botschaft unterbringen sollten.

Inhaltlicher Aufbau eines Briefes

Teil des Briefes	Botschaft/Ziel
Briefeinstieg/1. Absatz	De-Eskalierend, beruhigend wirken
2. Absatz	Problem des Kunden in eigenen Worten darstellen (»Wir haben verstanden«)
3. Absatz	Ursachen darstellen, Glaubwürdigkeit demonstrieren, ggf. entschuldigen
4. Absatz	Lösungen/Alternativen aufzeigen
5. Absatz	Weitere Abläufe darstellen
6. Absatz	Kompetenz demonstrieren, gutes Gefühl vermitteln

Praxisbeispiel – vorher/nachher

Doch grau ist bekanntlich alle Theorie. Nehmen wir den nachfolgenden Brief etwas näher unter die Lupe. Variante 1 wurde ohne Berücksichtigung unserer Empfehlungen verfasst, die Variante 2 haben wir entsprechend optimiert. Bevor Sie jedoch zu Variante 2 übergehen, sollten Sie die folgende erste Version nach Ihrem ganz spontanen Eindruck beim Lesen beurteilen.

Hier Brief-Variante 1

Betr.: Ihr Schreiben vom 05. Dezember 2004/Reklamation Standuhr

Sehr geehrter Herr Tadel,

wir bestätigen den Erhalt Ihres oben genannten Schreibens und bedauern, dass Sie mit der von uns durchgeführten Reparatur unzufrieden sind. Normalerweise wird die Arbeit unserer Uhrmachermeister von unseren Kunden sehr geschätzt.

Wir sind natürlich nicht in der Lage, lediglich auf Grund der von Ihnen geschilderten Beobachtungen eine Fehleranalyse durchzuführen. Dazu müssten wir die Uhr erneut unserem Uhrmachermeister zeigen.

Falls Ihre Reklamation berechtigt und nicht zum Beispiel auf einen unsachgemäßen Transport zurückzuführen ist, werden wir Ihre Uhr für Sie kostenneutral reparieren.

Mit freundlichen Grüßen

Manfred Muffel
Inhaber

Weshalb ist dieses Antwortschreiben schlechterdings unmöglich? Notieren Sie gleich Ihre Kritikpunkte:

Erfahren Sie nun, was wir an diesem Brief zu kritisieren haben:

1. »Wir bestätigen den Erhalt Ihres oben genannten Schreibens«. So schreibt heute nicht mal mehr das Finanzamt. Diese Floskel ist veraltet, distanziert und bürokratisch. Die Verärgerung des Kunden lässt sich damit nicht abbauen.
2. »Normalerweise wird die Arbeit unserer Uhrmachermeister von unseren Kunden sehr geschätzt.« Indirekt wird der reklamierende Kunde damit als Nörgler diffamiert. Ganz nach dem Motto: »Alle sind zufrieden – nur Sie müssen wieder meckern.«
3. »Wir sind natürlich nicht in der Lage ...«: Genau an der Stelle, wo dem Kunden an und für sich eine Lösung seines Problems aufgezeigt werden sollte, erfährt er stattdessen, was das Unternehmen nicht kann.
4. »Falls Ihre Reklamation berechtigt ist ...«: Eine geradezu schon bösartige Unterstellung. Schuld ist immer der Kunde. Im Zweifelsfall transportiert er die Uhr eben nicht sachgemäß. Spätestens an dieser Stelle dürfte der Uhrmachermeister seinen Kunden verloren haben.
5. Es fehlt jeder Hinweis, wie der Kunde nun weiter vorgehen soll. Fazit: Dieser Brief hat nicht nur seinen Zweck verfehlt, den Kunden wieder zu versöhnen, er dürfte im Gegenteil für neuen Unmut sorgen und die Kundenbeziehung möglicherweise auf Dauer zerstören.

Doch nun zur entscheidende Frage: Wie hätte dieser Brief kundenfreundlicher und damit letztlich erfolgreicher formuliert werden können?

Hier also Brief-Variante 2

Ihre Reklamation vom 10. Januar 2005

Sehr geehrter Herr Tadel,

vielen Dank für Ihren Brief, in dem Sie uns über die neuerlichen Probleme mit Ihrer antiken Standuhr berichten. Seien Sie sicher: Wir werden alles tun, damit Sie bald wieder ungetrübte Freude an Ihrem wertvollen Stück haben.

Sie reklamieren, dass nach wie vor das Schlagwerk der Uhr zu bestimmten Tageszeiten aussetzt. Dies könnte auf neuerliche Verschiebungen im Räderwerk – zum Beispiel während des Transports – zurückzuführen sein. Antike Uhren reagieren in der Regel sehr empfindlich.

Selbstverständlich haben Sie ein Recht darauf, von uns eine einwandfrei funktionierende Uhr aus der Reparatur zurückzubekommen. Wir bedauern daher sehr, dass Sie Anlass zu einer Reklamation haben. Auf alle unsere Arbeiten gewähren wir eine Garantie von 12 Monaten.

Wir bitten Sie daher, Ihre Uhr in den nächsten Tagen bei uns vorbeizubringen, damit unser Uhrmachermeister den Defekt schnell und für Sie natürlich kostenlos beheben kann.

Sie erreichen uns montags bis freitags jeweils von 9 bis 18 Uhr. Wir freuen uns auf Ihren Besuch.

Mit freundlichem Gruß

Siegfried Sonnenschein
Inhaber

Praxiserprobte Textbausteine

Nachfolgend haben wir einige Textbausteine zusammengestellt, die Ihnen helfen sollen, die genannten Ziele zu erreichen. Manche dieser Textpassagen können unmittelbar übernommen werden, doch beachten Sie, dass Ihr Brief »aus einem Guss« sein muss. Den Einsatz von Textbausteinen darf der Leser nicht bemerken. Prüfen Sie daher am Ende unbedingt noch einmal die Anschlüsse der einzelnen Absätze und den logischem Aufbau Ihres Briefes.

Briefeinstieg (De-Eskalaktion):

- »In Ihrem Brief vom ... haben Sie uns über Ihre Probleme mit ... berichtet. Wir verstehen Ihre Verärgerung und stimmen Ihnen völlig zu: So etwas darf nicht passieren. Und deshalb werden wir es schnell in Ordnung bringen ...«
- »Es tut uns Leid, dass Sie durch das Vorgehen unseres Mitarbeiters einen so negativen Eindruck von unserem Unternehmen bekommen mussten. Ein Verhalten, wie Sie es beschreiben, ist selbstverständlich auch für uns nicht akzeptabel ...«
- »Wir verstehen Ihre Verärgerung, die in Ihrem Schreiben vom ... zum Ausdruck kommt, voll und ganz. Seien Sie sicher: Wir schaffen die Sache aus der Welt.«
- »Vielen Dank für Ihren Brief. Wir verstehen gut, dass Sie als treuer Kunde angesichts der verspäteten Auslieferung Ihrer Ware verärgert sind. Wir bedauern dies sehr und meinen, Sie haben ein Recht darauf, die Gründe zu erfahren.«
- »Herzlichen Dank für Ihren Brief, auch wenn uns dessen Inhalt mehr als peinlich ist. Dass es trotz mehrfacher Reparaturversuche nicht gelungen ist, Ihr Gerät in einen einwandfreien Zustand zu versetzen, muss natürlich Zweifel an der Qualität unseres Produktes wecken. Bitte geben Sie uns Gelegenheit, diese Zweifel durch eine schnelle Regulierung der Angelegenheit auszuräumen ...«
- »Haben Sie vielen Dank für Ihren Brief vom ... und die darin enthaltenen kritischen Hinweise. Wir bedauern sehr, dass Sie mit den Leistungen unseres Kundendienstes in ... unzufrieden sind und die Behandlung dort als unfreundlich empfinden. Dies widerspricht der ganz auf unsere Kunden ausgerichteten Geschäftsphilosophie unseres Hauses ...«
- »Vielen Dank für Ihr Fax vom ... Sie haben Recht – da ist uns tatsächlich ein peinliches Versehen unterlaufen. Bevor wir Ihnen die Gründe näher erläutern, möchten wir Ihnen mitteilen, dass wir intern sichergestellt haben, dass sich Ähnliches künftig nicht mehr wiederholt.«
- »Besten Dank für Ihren kritischen Brief. Wir können Ihre Verärgerung sehr gut nachvollziehen. Und wir möchten alles tun, damit Sie bald wieder eine zufriedene Kundin unseres Hauses sind ...«

- »Vielen Dank für Ihr Schreiben. Wir bedauern sehr, dass es zu der darin beschriebenen Panne gekommen ist. Daher wollen wir schnell reagieren und die Angelegenheit in Ihrem Interesse regulieren.«
- »Jede Kundenreklamation hilft uns, noch besser zu werden. Insofern – vielen Dank für Ihre Hilfe. Und damit Sie ganz persönlich spüren, wie ernst es uns damit ist, haben wir uns umgehend um Ihr Anliegen gekümmert ...«

Problem des Kunden in eigenen Worten darstellen:

- »Sie beanstanden die Verzögerung bei der Zustellung der von Ihnen bestellten Ware.«
- »Sie fragen nach den Gründen, weshalb wir Ihren Kreditwunsch leider ablehnen mussten.«
- »Sie sind unzufrieden mit der Leistung unseres Callcenters, da Ihre Mitteilung vom .... nicht weitergeleitet wurde.«
- »Sie sind verärgert über den neuerlichen Ausfall Ihres Gerätes.«
- »Sie haben an Ihrem Fahrzeug trotz erfolgter Reparatur erneut einen Ölverlust feststellen müssen.«
- »Ihnen wurde versehentlich zum zweiten Mal die falsche Ware geliefert.«
- »In Ihrem Brief an unsere Geschäftsleitung bemängeln Sie die lange Wartezeit bei der Reklamationsbearbeitung.«
- »Sie haben uns in Ihrem Brief an unseren Vorstand Ihre Verärgerung über die Regulierung Ihres Versicherungsfalles mitgeteilt.«

Ursachen darstellen, Glaubwürdigkeit demonstrieren

- »Leider war unsere Serviceniederlassung zum fraglichen Zeitpunkt wegen eines überdurchschnittlich hohen Krankenstandes und gleichzeitiger Ferientage nur schwach besetzt. Wenn Sie daher bedauerlicherweise nicht mit der bei uns üblichen Höflichkeit behandelt wurden, mag dies mit dem besonderen Stress zusammenhängen, dem unsere Kollegen dort ausgesetzt waren. Bitte entschuldigen Sie den Ausrutscher.«
- »Ein Engpass bei der Lieferung unserer aus dem Ausland bezogenen Rohstoffe führte in den vergangenen Wochen leider zu einem Produktionsrückstand, den wir mittlerweile wieder aufholen konnten. Wir bedauern sehr, dass Sie von dieser Verzögerung betroffen waren und entschuldigen uns für die verspätete Lieferung.«
- »Wie Sie dem Briefkopf entnehmen können, ist unser Unternehmen in den vergangenen Wochen umgezogen. Dadurch konnten die eingehenden Anfragen leider nicht in der gewohnten Schnelligkeit beantwortet werden. Bitte haben Sie dafür Verständnis.«

- »Unsere in der Werkstatt vorgenommenen Tests ließen den von Ihnen genannten Mangel nicht erkennen. Allerdings lief das Gerät auch nicht unter Dauerbelastung.«
- »Tatsächlich war unsere Produktion der in den vergangenen Wochen sprunghaft gestiegenen Nachfrage trotz zusätzlicher Sonderschichten zeitweilig nicht mehr gewachsen. Das zeigt zum einen zwar, wie begehrt unsere Qualitätsprodukte sind, andererseits ist dies für einen Kunden, der lange auf seine Ware warten muss, ohne Frage ein schwacher Trost.«
- »Dank seiner äußerst attraktiven Verzinsung ist unser neues Turbo-Zins-Konto deutschlandweit auf sehr starke Resonanz gestoßen. Trotz zusätzlicher Wochenendarbeit konnten wir vorübergehende Verzögerungen bei der Antragsbearbeitung bedauerlicherweise nicht vermeiden.«
- »Der Schaden ist inzwischen behoben – ein defektes Einzelteil wurde ausgetauscht – und Sie werden keine weiteren Probleme mehr haben.«
- »Wegen eines bedauerlichen individuellen Bearbeitungsfehlers wurde Ihre Anfrage vom ... leider nicht beantwortet. Für diese Panne bitten wir um Entschuldigung.«

Weitere Abläufe aufzeigen

- »Wir hoffen, Sie sind mit unserem Vorschlag einverstanden und freuen uns auf Ihren Rückruf (Telefonnummer), um die weitere Vorgehensweise mit Ihnen abstimmen zu können.«
- »Herr ... wird sich in den nächsten Tagen telefonisch bei Ihnen melden, um die Angelegenheit endgültig aus der Welt zu schaffen.«
- »Wir bitten Sie, den reklamierten Gegenstand bei uns vorbeizubringen oder gleich in einem versicherten Paket an unsere Werkstatt zu schicken (Anschrift ...).«
- »Wir sind ebenso wie Sie an einer schnellen und für beide Seiten akzeptablen Lösung Ihres Anliegens interessiert. Um die Angelegenheit abschließend bearbeiten zu können, brauchen wir jedoch noch folgende Unterlagen: ...«
- »Sind Sie mit unserem Lösungsvorschlag einverstanden? Dann freuen wir uns auf Ihren Rückruf. Bitte wenden Sie sich direkt an Frau ... Telefon ... Sie wird alles Nötige veranlassen, um Sie wieder vollends von der Qualität unseres Produkts zu überzeugen.«
- »Herr ... wird mit Ihnen kurzfristig einen Termin abstimmen, um sich den Schaden vor Ort anzuschauen.«

Kompetenz vermitteln, gutes Gefühl geben

- »Unabhängige Verbrauchermagazine geben unseren Produkten immer wieder gute Noten. Wir werden alles tun, um auch Sie wieder von unseren Erzeugnissen nachhaltig zu überzeugen.«
- »Wir sind sicher, auch Sie werden mit unserem Service schon sehr bald wieder zufrieden sein. So wie Millionen anderer Kunden. Sollten Sie jedoch erneut Anlass zu einer Beschwerde haben, zögern Sie bitte nicht, mit uns Kontakt aufzunehmen.«
- »Wir haben der Bearbeitung Ihrer Reklamation hohe Priorität eingeräumt. Eine Mitarbeiterin unserer Abteilung Kundendialog wird sich schon in den nächsten Tagen bei Ihnen melden.«
- »Sicher wird das Gerät trotz des etwas unglücklichen «Einstands» Ihre Erwartungen ohne Einschränkungen erfüllen und Ihnen künftig ungetrübtes Vergnügen bereiten.«
- »Wir sind überzeugt: Trotz dieser ›Startschwierigkeiten‹ werden Sie Ihren Kauf auf lange Sicht nicht bereuen. Bleiben Sie uns gewogen.«
- »Wir wünschen Ihnen und uns, dass Sie trotz dieses kleinen Zwischenfalls künftig mit unseren Produkten und unseren Serviceleistungen zufrieden sein werden und hoffen weiterhin auf Ihr Vertrauen.«
- »Sehr geehrter Herr Z., wenn wir Ihnen heute erneut zumuten, uns mit Nachsicht entgegenzukommen, so tun wir dies in der Gewissheit, dass Sie letztlich doch ein solides und robustes Gerät erworben haben, mit dem Sie langfristig zufrieden sein werden.«

Die netteste Art, »Nein« zu sagen

So sehr ein modernes Beschwerdemanagement darauf ausgerichtet sein muss, im Konfliktfall Kundenbeziehungen zu erhalten und nach Möglichkeit zu stärken, kann es andererseits nicht zur Regel werden, ausnahmslos alle Reklamationen anzuerkennen, selbst wenn die Schuld ganz ohne Frage beim Kunden liegt. Kulanz fördert zwar Ihr positives Unternehmensimage, doch hat sie dort ihre Grenzen, wo sie Präzedenzfälle schafft. Außerdem entstehen Ihnen dadurch Kosten, die Sie früher oder später in Form von höheren Preisen oder schlechteren Konditionen an alle Kunden weitergeben müssen. Die Kunst besteht in solchen Fällen darin, in aller Freundlichkeit »Nein« zu sagen, ohne indessen den Kunden zu verbittern.

Es gibt zahlreiche Möglichkeiten, eine negative Botschaft zu formulieren.
Zum Beispiel diese:

»... kommen wir zurück auf Ihr Schreiben vom ... Die Prüfung der Angelegenheit hat zweifelsfrei ergeben, dass der Defekt Ihres Gerätes auf unsachgemäße Behandlung zurückzuführen ist. Eine kostenlose Reparatur im Rahmen unserer Herstellergarantie kommt deshalb nicht in Betracht. Auf die richtige Handhabung des Gerätes wird in unserem Handbuch ausführlich eingegangen. Wir meinen, es ist unseren Kunden zuzumuten, diese Beschreibung aufmerksam zu lesen. Wir bedauern, Ihnen keinen günstigeren Bescheid geben zu können und verbleiben ...«

Ihr Urteil?

Unser Urteil: So arrogant und schulmeisternd solche Briefe klingen, sie gehören noch immer zur täglichen Praxis in der Problem-Korrespondenz mancher Unternehmen. Derlei Briefe schrecken ab. Gerade bei einem negativen Bescheid kommt es darauf an, um Verständnis zu werben. Denn schon Cicero wusste: »Die Menschen sind alle so geartet, dass sie Absagen nicht hören wollen.«

Daher nun einige positive Alternativ-Vorschläge:

- »Es ist immer unangenehm, einen negativen Bescheid geben zu müssen. Zumal dann, wenn es sich um einen treuen Kunden handelt. Dennoch, wir können Ihre Reklamation aus folgenden Gründen leider nicht anerkennen: ...«
- »Niemandem fällt es leicht, ›Nein‹ zu sagen. Auch uns nicht. Aber vielleicht fällt es Ihnen etwas leichter, uns zu verstehen, wenn wir Ihnen unsere Argumente vortragen: ...«
- »Sie wissen, wie gern wir unseren Kunden Freude bereiten. Mit guten Produkten, einer prompten Lieferung und einem verlässlichen Kundendienst. Dieser Brief – wir geben es zu – ist für Sie weniger erfreulich. Leider können wir Ihre Reklamation nicht anerkennen. Gestatten Sie, dass wir unsere Entscheidung, die uns gewiss nicht leicht gefallen ist, kurz begründen: ...«
- »Sie wissen es: Nicht jeder Brief kann positive Botschaften enthalten. Seien Sie deshalb bitte nicht allzu enttäuscht, wenn wir Ihnen heute leider mitteilen müssen, dass wir Ihre Reklamation nicht anerkennen können. Folgende Gründe haben zu dieser Entscheidung geführt ...«
- »Als treuer Kunde wissen Sie, dass wir Ihnen immer Top-Qualität zu günstigen Preisen anbieten. Dies ist nur machbar, weil wir unsere Kosten niedrig halten. So gern wir auch jede Reklamation im Rahmen der Kulanz regeln würden, letztlich ist uns dies aus Kostengründen leider nicht möglich. Bitte haben Sie Verständnis, wenn wir für den Kunden kostenlose Reparaturarbeiten nur während der Gewährleistungsfrist zusichern können.«
- »Wie sag' ich's einem guten Kunden ...? Glauben Sie uns: Diesen Brief zu schreiben, ist ebenso unangenehm, wie ihn zu erhalten. Auch wenn wir durchaus Verständnis für Ihren Wunsch haben, die beanstandete Ware zurückzugeben, so sprechen unsere, von Ihnen akzeptierten allgemeinen Geschäftsbedingungen doch dagegen. Haben Sie bitte Nachsicht, wenn wir im Interesse der Gleichbehandlung aller Kunden von diesen Prinzipien nicht abweichen wollen.«
- »Nach eingehender Prüfung müssen wir Ihnen leider mitteilen, dass wir Ihre Reklamation nicht anerkennen können. Diese Nachricht wird Sie vermutlich enttäuschen. Das wäre verständlich. Doch bevor Sie sich eine schlechte Meinung von uns bilden, lernen Sie doch bitte die Gründe kennen, die zu dieser Entscheidung geführt haben.«

Versöhnliche Schlussformeln

Beginnen wir zunächst wieder mit einem Negativ-Beispiel:

»Wir hoffen, Sie damit zufrieden gestellt zu haben, und verbleiben ...«

Ihr Urteil:

Unser Urteil:
Eine Formulierung aus dem Floskel-Katalog, die jede Individualität vermissen lässt.

Hier wiederum einige Anregungen, wie Sie es besser machen könnten:

- »Bitte geben Sie uns Gelegenheit, Sie schon bald wieder von der Leistungsfähigkeit unserer Produkte zu überzeugen.«
- »Wir sind überzeugt, dass Ihr Gerät nun wieder zu Ihrer vollen Zufriedenheit funktionieren wird. Sollte es wider Erwarten dennoch irgendwelche Probleme geben – Sie wissen ja: Wir sind für Sie da.«
- »Bitte sehen Sie in dieser Panne einen einmaligen Ausrutscher, wie er – leider – überall passieren kann, wo Menschen arbeiten. Gern überzeugen wir Sie schon bald von den Stärken unseres Hauses.«
- »Wir danken Ihnen, dass Sie uns Ihre Erfahrungen mitgeteilt haben, selbst wenn wir in Ihrem persönlichen Fall zu keiner neuen Einschätzung kommen. Dennoch helfen uns alle Hinweise unserer Kunden, die Arbeitsabläufe und Servicequalität in unserem Hause weiter zu verbessern.«

Der Zwischenbescheid

Der Kunde wünscht – verständlich genug – eine möglichst schnelle Antwort auf seinen Beschwerdebrief. Lange Wartezeiten verstärken den negativen Eindruck, den der Betreffende von Ihrem Unternehmen gewonnen hat. Naturgemäß hat der Kunde eine sehr subjektive Sicht der Dinge: Er erwartet, dass Sie sich umgehend seines Problems annehmen und ihm spätestens nach zwei bis drei Tagen eine (möglichst positive) Antwort zukommen lassen. Das allerdings ist in der Praxis kaum zu schaffen. Häufig müssen Sie den Grund für die Reklamation intern recherchieren, andere Kolleginnen und Kollegen befragen oder aber den Vorgesetzten einschalten. Zeichnet sich ab, dass die Bearbeitung eines Beschwerdebriefes etwas länger dauern kann, dann sollten Sie Ihrem Kunden einen kurzen Zwischenbescheid senden.

Hier ein Praxisbeispiel:

Guten Tag, Herr Cholerius,

vielen Dank für Ihren Brief vom ... Wir bedauern sehr, dass Sie Anlass zu einer Reklamation haben. Zufriedene Kunden sind die Grundlage für unseren Erfolg. Deshalb werden wir alles tun, damit auch Sie künftig wieder zufrieden mit uns sind. Hierzu müssen wir jedoch zunächst intern den Vorgang recherchieren. Das kann erfahrungsgemäß einige Tage in Anspruch nehmen. Bitte haben Sie daher noch etwas Geduld. Wir werden so schnell wie möglich wieder Kontakt mit Ihnen aufnehmen.

Mit freundlichen Grüßen

So formulieren Sie zeitgemäß und wirkungsvoll

Schauen Sie sich bitte die folgenden Formulierungen an. Welchen Eindruck hinterlassen diese bei Ihnen?

- »Den Zwischenfall haben wir nicht zu verantworten.«
- »Ihre Reklamation ist uns völlig unverständlich.«
- »Unter diesen Umständen können Sie nicht erwarten, dass wir Ihnen nochmals entgegenkommen.«
- »Sie hätten uns rechtzeitig informieren müssen«.
- »Es wäre Ihnen zuzumuten gewesen ...«
- »Der von Ihnen genannte Grund für die Störung ist nicht plausibel.«
- »Wie Sie zu der Einschätzung kommen konnten, ist für uns nicht nachvollziehbar.«
- »Bei bestimmungsgemäßem Gebrauch hätte das nicht passieren können.«
- »Alles deutet darauf hin, dass Sie unsere Empfehlung nicht beherzigt haben.«
- »Bei genauer Beachtung der Gebrauchsanleitung wäre das zu vermeiden gewesen.«
- »Dies hätten Sie nach den gemachten Erfahrungen absehen können.«
- »Mehr können wir nicht für Sie tun.«

In allen Fällen handelt es sich gleichsam um »Killerphrasen«. Wer so schreibt, macht bewusst oder unbewusst deutlich, dass er keinen Wert legt auf die Fortsetzung der Geschäftsbeziehung mit dem betreffenden Kunden. Solche und ähnlich arrogante Floskeln gehören daher auf die Tabuliste. Vielleicht fallen Ihnen aus Ihrer täglichen Praxis weitere imageschädigende Formulierungen ein. Dann erweitern Sie gleich diese Tabuliste:

Doch nicht nur solche erkennbar schroffen Formulierungen bauen Distanz zum Kunden auf. Oftmals sind es auch nur bürokratisch oder altmodisch klingende Formulierungen, die einen Brief unverständlich und/oder unpersönlich wirken lassen. In der Regel sind sich die Verfasser solcher Briefe dieser Wirkung gar nicht bewusst. Sie wählen Formulierungen, die durchaus gang und gäbe sind und häufig verwendet werden. Dass es sich gleichsam um »Anleihen« aus der Behördensprache handelt, fällt den meisten erst auf, wenn sie für dieses Thema sensibilisiert wurden.

Formulieren Sie Ihren Brief

- verständlich
- sympathisch
- kundenorientiert
- und selbstbewusst

Was bedeutet »verständlich«?

Schauen wir uns hierzu wiederum einige Negativ-Beispiele an. Verstehen Sie etwa auf Anhieb folgenden Satz?

»Eine Unterstützung für eine Finanzsoftware bieten wir nicht an. Dies begründet sich in den nicht vorhandenen technischen Weiterentwicklungsmöglichkeiten von Btx-Classic und der damit zusammenhängenden Einstellung der Weiterentwicklung durch den Systemeigner T-Online. Das von uns angebotene Onlinebanking und Brokerage arbeitet nach dem SSL-Verfahren mit der momentan höchstmöglichen Verschlüsselungsstärke von 128 Bit, genauso wie das HBCI-Verfahren, das aber wesentlich kostenintensiver ist.«

Noch eine Kostprobe gefällig? Bitte sehr:

»Als Nachtrag zu unserem Darlehensvertrag vom ... teilen wir Ihnen die Änderung des Punktes ›Besicherung‹ dahingehend mit, dass anstatt der Grundschuldbestellung über DM 70.000 sowie Grundschuldneueintragung über DM 50.000 aufgrund Ihrer Grundschuldbestellung nunmehr eine erstrangig vollstreckbare Grundschuld über Euro 61.355 als Sicherheit dient.«

Sicher mag es Menschen geben, die derlei sofort verstehen. Der Verfasser dieses Buches gehört nicht dazu. Und wie ihm dürfte es den meisten Kunden ergehen, die solche Briefe erhalten. Fachabteilungen in Unternehmen neigen dazu, sich sehr spezifisch auszudrücken. Sie formulieren nicht adressatenbezogen. Denn die »Adressaten« sind in diesen Fällen nicht Kolleginnen und Kollegen aus demselben Fachbereich, sondern mehr oder minder unbedarfte Kunden, die – um unser obiges Beispiel aufzugreifen – vielleicht nur einmal im Leben mit einer Grundschuldbestellung zu tun haben.

Deshalb: Achten Sie bei allen Briefen, die Sie an Kunden versenden, unbedingt darauf, dass sie klar und auch für Laien verständlich formuliert werden. Kurze Sätze, nach Möglichkeit keine Fachbegriffe und eine einfache Sprache – das hilft dem Kunden, Sie sofort zu verstehen und Nachfragen zu vermeiden. Keine Angst vor Einfachheit. Unverständliche Schachtelsätze und viele Fremdwörter lassen beim Empfänger den Eindruck von Arroganz aufkommen (»Die wollen mir zeigen, wie dumm ich bin.«).

Kommen wir noch einmal auf unsere beiden Negativ-Beispiele zurück und versuchen wir, deren Inhalte einfach und unkompliziert darzustellen. So könnten die Textpassagen etwa lauten:

»Leider können Sie bei uns keine Finanzsoftware einsetzen. Der Grund: T-Online bietet für das System Btx-Classic keine Weiterentwicklungsmöglichkeiten mehr an. Sowohl beim Onlinebanking als auch im Brokerage setzen wir mit dem SSL-Verfahren auf eine Lösung mit der momentan höchstmöglichen Verschlüsselungsstärke von 128 Bit. Das alternative HBCI bietet einen vergleichbaren Sicherheitsstandard, ist aber wesentlich teurer. Um die Kosten unserer Bank überschaubar zu halten und Ihnen weiter überdurchschnittlich gute Konditionen bieten zu können, haben wir uns daher für das SSL-Verfahren entschieden.«

Und hier unser Optimierungsvorschlag für den zweiten Text:

»Die Umstellung von D-Mark auf Euro hat auch Auswirkungen auf den mit uns geschlossenen Darlehensvertrag: Die Grundschuldabtretung über 70.000 D-Mark und die Grundschuldneueintragung über 50.000 D-Mark wurden zusammengefasst und auf Euro umgestellt. Daraus ergibt sich eine neue, erstrangige und vollstreckbare Grundschuld von 61.355 Euro.«

Was bedeutet »sympathisch«?

Greifen Sie in Ihrem Brief nie auf Formulierungen zurück, die Sie in einem Gespräch mit Ihrem Kunden nicht verwenden würden. Durchforsten Sie Ihren Briefentwurf nach Begriffen und Formulierungen, die bürokratisch, rechthaberisch und schroff klingen. Hierzu wiederum einige Praxisbeispiele:

- »Gemäß unseren Abmachungen«
- »Bezüglich Ihres Schreibens ...«
- »*Möchten* wir Sie bitten ...« (warum nicht einfach: »Wir bitten Sie«?)
- »Wir gehen davon aus, dass ...«
- »Es gilt als vereinbart, dass ...«
- »Wunschgemäß teilen wir Ihnen mit ...«
- »... ist wie folgt zu verfahren ...«
- »In genannter Angelegenheit ...«
- »... wollen Sie bitte Rücksprache mit dem Linksunterzeichner nehmen ...«
- »Haben Sie/müssen Sie das Nötige veranlassen«
- »Ihr Anliegen in Bezug ...«
- alle Wörter, die mit »-ung« enden (Begutachtung, Beantwortung, Mitwirkung, Beantragung usw.)

Versuchen Sie so zu schreiben, wie Sie sprechen. Vermutlich würden Sie niemals einem Kunden sagen: »Ihre diesbezügliche Anfrage wird jetzt der Bearbeitung zugeführt. Mit der Beantwortung ist in der achten KW zu rechnen.« Vielmehr dürfte es etwa so klingen: »Ihre Anfrage wird gerade bearbeitet. Wir melden uns spätestens Ende Februar wieder bei Ihnen.« Und genau so sollten Sie es auch schreiben.

Was bedeutet kundenorientiert?

Gehen Sie gezielt auf das Problem oder den Wunsch des Kunden ein. Vermeiden Sie Verallgemeinerungen (zum Beispiel: »Jüngste Marktforschungen haben uns erst in unserer Meinung bestätigt, dass ...«). Sollten Sie mit Textbausteinen arbeiten, achten Sie immer darauf, dass diese dem betreffenden Fall angepasst werden müssen. Beschweren sich zum Beispiel zwei Personen, sollte dies auch in Ihrem Brief **durchgängig** zum Ausdruck kommen.

Also so: »Für das wenig kundenorientierte Vorgehen eines unserer Mitarbeiter möchten wir uns bei *Ihnen und Ihrem Mann* entschuldigen.«

Und nicht so: »Für das wenig kundenorientierte Vorgehen eines unserer Mitarbeiter möchten wir und bei *Ihnen* entschuldigen.«

In längeren Briefen empfiehlt es sich, den Empfänger im eigentlichen Brieftext nochmals mit seinem Namen anzusprechen. Gut geeignet hierfür ist der Beginn des letzten Absatzes. Auch hierzu ein Praxisbeispiel:

»Sehr geehrter Herr Dickhals, wir hoffen, die vorgeschlagene Lösung findet Ihre Zustimmung und Sie fassen wieder Vertrauen in unsere Qualitätsprodukte. Die Zufriedenheit unserer Kunden hat für uns höchste Priorität. Seien Sie deshalb sicher, dass wir die bedauerliche Angelegenheit kurzfristig aus der Welt schaffen werden.«

Was bedeutet »selbstbewusst«?

Sie sind von Ihrer Ware und Dienstleistung überzeugt, auch wenn es hier und da zu Reklamationen kommt, die letztlich kein Unternehmen vermeiden kann. Selbstbewusst heißt nicht, dass Sie arrogant oder »von oben herab« formulieren sollten. Aber eben auch nicht devot. Jemand, der sich in jedem Absatz zweimal entschuldigt, wird vom Kunden nicht mehr ernst genommen. Ist eine Entschuldigung angemessen, wird Sie einmal im Brief zum Ausdruck gebracht. Vermeiden Sie schließlich Formulierungen wie: »Bitten wir Sie *aufrichtig* um Entschuldigung.« Dass eine Entschuldigung aufrichtig ist, sollte an und für sich selbstverständlich sein und bedarf keiner besonderen Hervorhebung.

Auf E-Mail-Reklamationen reagieren

Immer mehr Kunden nutzen die Möglichkeit, ihre Reklamationen per E-Mail zu übermitteln. Diese Form der Kommunikation ist Zeit und Kosten sparend und auch Ihr Unternehmen profitiert. Der elektronische Posteingang lässt sich sehr viel rationeller bearbeiten als ein Brief, von dem Kopien angefertigt und gegebenenfalls an die betreffenden Fachabteilungen weitergeleitet werden müssen. Bei einer E-Mail ist dies bekanntlich durch einfachen Mausklick möglich. Es liegt also auch in Ihrem Interesse, dass der elektronische Postweg von reklamierenden Kunden noch stärker genutzt wird. Beachten Sie dabei unsere folgenden drei Praxistipps:

1. Machen Sie es Ihren Kunden leicht, per E-Mail zu reklamieren. Integrieren Sie einen entsprechenden Link in Ihre Homepage. Um die Reklamationsbearbeitung zu erleichtern, empfiehlt es sich, diesen Link mit einem standardisierten Formular zu hinterlegen, das der Kunde online ausfüllen und an Sie übertragen kann (siehe unten stehendes Beispiel). Geben Sie darüber hinaus auch auf der Bedienungsanleitung, der Garantieurkunde oder auf Ihrer Rechnung eine E-Mail-Adresse an, an die der Kunde Wünsche und Kritik richten kann (zum Beispiel: »Ihr Auftrag wurde von uns mit größter Sorgfalt ausgeführt. Sollten Sie trotzdem nicht ganz zufrieden sein, schreiben Sie einfach an kundenbetreuung@autohaus-murks.de.«)

2. Stellen Sie sicher, dass sämtliche E-Mails Ihrer Kunden sorgfältig archiviert werden und Sie kurzfristig auf diese Dokumentation zurückgreifen können.

3. Bestätigen Sie dem Kunden kurz den Eingang seiner E-Mail und sichern Sie ihm eine zügige Bearbeitung dieser Angelegenheit zu.

Wichtig: Reklamiert Ihr Kunde per Brief, sollten Sie ihm auch in dieser Form antworten. Kurze Rückfragen sind jedoch per E-Mail möglich. Geht es um eine Reklamation von höherem Streitwert, droht eventuell sogar eine juristische Auseinandersetzung, so sollten Sie im Interesse einer lückenlosen und nachvollziehbaren Dokumentation in jedem Fall per Brief mit Ihrem Kunden kommunizieren.

Beispiel für eine Dialogmaske zur standardisierten Erfassung von Reklamation (vom Kunden online auszufüllen)

Vor- und Zuname: ....
Anschrift: ....
Telefon (tagsüber erreichbar) ....
Kundennummer (falls bekannt) ....

Reklamation betrifft folgendes Produkt: ....
Artikelnummer, falls bekannt ....
Wann und wo gekauft? ....

Reklamationsgrund

Ware defekt	☐	Lieferung unvollständig	☐
Falsche Ware	☐	Zu spät geliefert	☐
Rechnung fehlerhaft	☐	Sonstiger Grund	☐
		bitte angeben	

Beschreibung des Mangels:

....
....
....
....
....

Ist der beschriebene Mangel schon häufiger aufgetreten? Falls ja, wie oft und wann? ....
Wurde die Ware bereits repariert?
Falls ja, von welcher Werkstatt ....

Kaufbeleg liegt vor	ja ☐	nein ☐
Garantieurkunde liegt vor	ja ☐	nein ☐

Sollte es notwendig sein, werden wir diese Unterlagen bei Ihnen anfordern.

Lieber Kunde, liebe Kundin, bitte klicken Sie einfach auf »Senden« und leiten Sie dieses Formular an uns weiter. Wir werden Ihre Reklamation schnellstmöglich bearbeiten. Bitte haben Sie jedoch Verständnis, wenn dies einige Tage in Anspruch nehmen kann. Seien Sie überzeugt, wir werden alles tun, um Sie zufrieden zu stellen.

Ihr Serviceteam

Wie Sie Antwort-Mails formulieren sollten

Für die Formulierung Ihrer E-Mails gelten dieselben Empfehlungen, die wir Ihnen für das Verfassen Ihrer Briefe gegeben haben. Schreiben Sie kurz und präzise, kommen Sie schnell auf den Punkt. Vermeiden Sie, dass Ihr Kunde allzu lange »scrollen« muss, um zum Wesentlichen vorzudringen. Das heißt, Sie sollten sich wesentlich kürzer fassen als in einem Brief. Sind etwas längere Ausführungen indessen nicht zu vermeiden, weil Sie dem Kunden zum Beispiel die Hintergründe einer Panne etwas genauer schildern möchten, so empfiehlt es sich, einen Brief zu schreiben.

Senden Sie Ihrem Kunden in jedem Fall eine »eigenständige E-Mail«, sprich: Nutzen Sie nicht die Antwort-Option Ihres E-Mail-Programms. Das ist zwar bequem, erweckt beim Empfänger aber nicht den Eindruck, dass Sie sich wirklich Zeit nehmen, um dem Kunden eine individuelle Antwort zu kommen zu lassen. Auch sollten Sie keine komplexen Dateien beifügen (etwa eine neue Bedienungsanleitung im PDF-Format), die der Empfänger minutenlang herunterladen muss. Es sei denn, Ihr Kunde bittet ausdrücklich darum, ihm diese Unterlagen auf elektronischem Weg zu senden.

Checkliste:

Schriftliche Reaktion auf Reklamationen

Ist der Brief einfühlsam formuliert, oder muss beim Empfänger der Eindruck entstehen, er werde geschulmeistert? ☐

Angenommen, der Fehler liegt in Ihrem Unternehmen. Enthält Ihr Brief
- eine glaubwürdige Entschuldigung? ☐
- eine nachvollziehbare Erklärung, wie es dazu kommen konnte? ☐
- Hinweise, wie solche Pannen künftig vermieden werden? ☐

Wird jeder Eindruck vermieden, Sie wollten anderen die Schuld in die Schuhe schieben? ☐

Falls Sie mit Textbausteinen arbeiten: Passen die einzelnen Textpassagen wirklich zueinander? ☐

Haben Sie darauf geachtet, dass in Ihrem Antwortschreiben nicht auf irgendwelche Provokationen des Kunden eingegangen wird? ☐

Können schriftlich gemachte Zusagen auch wirklich eingehalten werden (vor allem Termine)? ☐

Teil 5
Reklamationsmanagement per Telefon

Der Griff zum Telefonhörer fällt bekanntlich vielen Zeitgenossen erheblich leichter als das Briefeschreiben. Kaum verwunderlich also, dass der Kontakt per Telefon eine wichtige Rolle im Reklamationsmanagement spielt. Ist der Kunde mit Ihrem Produkt oder Ihrer Dienstleistung unzufrieden, kann er auf diese Weise am schnellsten reagieren. Telefonisch vorgetragene Reklamationen bergen freilich gleichermaßen Chancen und Risiken.

Welche Chancen fallen Ihnen ein? Bitte gleich notieren:

Und nun die möglichen Risiken:

Wir sehen vor allem folgende Risiken des telefonischen Reklamationsmanagements:

- Der Kunde reklamiert sehr spontan. Er befindet sich daher meist noch in einem starken Erregungszustand. Wer hingegen einen Brief schreibt oder persönlich im Ladengeschäft erscheint, muss sich länger Zeit nehmen, unter Umständen wird er sogar eine Nacht darüber schlafen. Das kann den Kunden auf eine sachliche Ebene zurückführen. Möglicherweise wird die Enttäuschung in der Zwischenzeit aber auch eskalieren. Wie auch immer: Sie müssen damit rechnen, dass verärgerte Kunden am Telefon noch eine Spur aggressiver sein können als im persönlichen Gespräch. Wer seinem Gegenüber nicht in die Augen schauen muss, traut sich häufig einfach mehr ...
- Noch gravierender erscheint der Nachteil, dass bei einem Telefonat keine Chance zur nonverbalen Kommunikation (Körpersprache) besteht, die gerade bei schwierigen Gesprächen so wichtig ist. Ein Beispiel: Trägt der Kunde seine Reklamation persönlich vor, haben Sie etwa die Möglichkeit, sich Notizen zu machen, Details nachzuschlagen oder einfach auch nur interessiert zuzuhören. Der Kunde spürt, dass Sie seine Reklamation ernst nehmen. Doch wie soll man am Telefon beurteilen, ob der Gesprächspartner wirklich zuhört? Wenn er beharrlich schweigt, dann kann er entweder sehr aufmerksam Ihren Ausführungen folgen oder aber mit seinen Gedanken ganz woanders sein. Sehr wichtig ist daher die Technik des »aktiven Zuhörens«; ein Aspekt, auf den wir in diesem Kapitel noch eingehen werden.

Doch bieten telefonische Reklamationen auch Vorteile. Vor allem diese:

- Die beschriebene Spontaneität von telefonisch vorgetragenen Beschwerden kann sich gleichsam als »reinigendes Gewitter« erweisen. Der Kunde lädt seine Frustration nicht wie in einem Akku auf, sondern gibt sie gleich – vielleicht ein wenig unbeherrscht – weiter. Sie wiederum haben die Möglichkeit, schnell zu handeln und den Kunden zufrieden zu stellen. Was die Schnelligkeit angeht, ist das telefonische Reklamationsmanagement dem schriftlichen überlegen.
- Mit einigen kleinen psychologischen Finessen lassen sich gerade am Telefon Konflikte entschärfen. Doch Vorsicht: Diese Strategie funktioniert nur, wenn Sie die wichtigsten Grundregeln erfolgreichen Telefonierens beherrschen. In der Praxis ist leider immer wieder festzustellen, dass die Kunst des Telefonierens in der Kommunikationsstrategie eines Unternehmens noch reichlich stiefmütterlich behandelt wird. Wer's nicht glaubt, sollte einmal unter anderem Namen seine eigene Firma anrufen und ein paar lästige Fragen stellen. Mancher dürfte dabei sein blaues Wunder erleben.

Zehn goldene Regeln für erfolgreiches Telefonieren

1. Beim Telefonieren steht Ihnen die Gestik nicht zur Verfügung. Sie haben nur zwei Möglichkeiten, auf Ihren Gesprächspartner in der gewünschten Weise einzuwirken: mit der Art Ihrer Formulierungen und Ihrem Tonfall. In beiden Fällen sollten Sie darauf achten, freundlich und beruhigend zu wirken.

2. Zeit ist Geld, gerade beim Telefonieren. Stehlen Sie dem anderen nicht unnötigerweise die Zeit, indem Sie vom Hundertstel ins Tausendstel kommen. Konzentrieren Sie sich auf das Wesentliche. Wirken Sie andererseits aber auch nicht »kurz angebunden«.

3. Während Sie zuhören, sollten Sie Ihrem Gesprächspartner ein Feedback geben (»aktives Zuhören«). Ein einfaches »Ja, gut«, »Ich verstehe« oder »Ich möchte mir eben schnell ein paar Notizen machen« signalisieren dem Anrufer, dass Sie seinen Ausführungen aufmerksam folgen.

4. Negative Formulierungen (»Das können Sie so aber nicht behaupten!«, »Ganz so stimmt das nicht!« oder »Nein, das sehen Sie falsch.«) provozieren einen aufgebrachten Kunden noch mehr. Er fühlt sich von Ihnen belehrt, vielleicht sogar zurechtgewiesen. Daher unser Tipp: Negative Aussagen konsequent vermeiden, wählen Sie stattdessen neutrale Formulierungen (»Ich verstehe Ihren Standpunkt voll und ganz. Wir aus unserer Sicht meinen aber ...«).

5. Reagieren Sie nicht auf provozierende Bemerkungen. Ein betont freundlicher Dialog mit dem reklamierenden Kunden führt diesen in aller Regel schnell wieder auf eine sachliche Ebene zurück.

6. Lassen Sie Ihren Gesprächspartner ausreden, selbst wenn seine Darlegungen zu einem minutenlangen Monolog ausarten. Gerade zu Beginn des Telefonats, wenn der Kunde »Dampf ablassen« möchte, empfiehlt es sich nicht, ihm ins Wort zu fallen. Im weiteren Verlauf des Gesprächs sollten Sie den Anrufer allenfalls auf diplomatische Weise unterbrechen (»Entschuldigung, Herr Quassel, darf ich Sie hier mal einen Augenblick unterbrechen, ich hätte gerade zu diesem Punkt noch eine Frage ...«).

7. Konzentration ist alles. Die wenigsten Menschen schaffen es, wirklich zwei Dinge zur gleichen Zeit zu tun, es sei denn, es handelt sich um reine Routine. Eigentlich erscheint es als Selbstverständlichkeit, dennoch an dieser Stelle der Hinweis: Wer ein wichtiges Telefongespräch führt, kann nicht nebenbei schnell ein paar Briefe lesen und unterschreiben. Durch solche und ähnliche Dinge werden Sie abgelenkt. Sie überhören wichtige Details oder müssen – peinlich genug – noch einmal nachfragen (»Was sagten Sie gerade noch – ich musste eben schnell einen Brief unterschreiben.«).

8. Unterbrechen Sie Ihren Anrufer auch dann nicht, wenn ein weiteres Gespräch auf einer anderen Leitung eingeht. Lassen Sie es lieber von einem Kollegen entgegennehmen, denn nichts nervt den Gesprächspartner mehr, als wenn Sie mitten in der Inszenierung seiner Argumente hektisch unterbrechen: »Äh, Herr Quassel, einen Moment bitte, ich bekomme gerade ein Gespräch auf der anderen Leitung.« Die modernen Telefonanlagen verführen zwar dazu, mehrere Gespräche gleichzeitig entgegennehmen zu wollen, doch nicht alles, was technisch möglich ist, entspricht auch den Formen der Höflichkeit.

9. Sonderbarerweise neigen viele Zeitgenossen dazu, bei Verständigungsschwierigkeiten am Telefon plötzlich in einen Oberlehrerton zu verfallen: »Hallo, hallo, ich versteh' Sie nicht. Sprechen Sie doch etwas lauter.« oder »Oh, das ist aber ein schwieriger Name, den müssen Sie mir buchstabieren.« Warum nicht so: »Herr Quassel, ich verstehe Sie im Augenblick leider sehr schlecht. Könnten Sie vielleicht ein klein wenig lauter sprechen? Danke!« oder »Dürfte ich Sie bitten, mir den Namen zu buchstabieren, damit sich hier kein Fehler einschleicht?«

10. Wer einen Rückruf zusagt, muss dieses Versprechen unbedingt halten. Vergebliches Warten auf einen Anruf steigert den Kundenfrust erheblich. Keine Entschuldigung (»Ich hatte gestern so viel um die Ohren«, »Tut mir Leid, bei uns war gestern die Hölle los.«) vermag in diesem Fall, den schlechten Eindruck zu korrigieren. Wenn es an dem betreffenden Tag wirklich hektisch zugeht, darf man eben keinen Rückruf zusagen.

Die häufigsten »Alltagssünden« beim Telefonieren

Obgleich in zahlreichen Seminaren und Büchern die Grundregeln des freundlichen und somit automatisch erfolgreichen Telefonierens immer wieder vermittelt werden, bleibt die Telefonkultur unterentwickelt. Oder aber – ebenso schlimm – die Mitarbeiterinnen und Mitarbeiter werden gezwungen, computerähnlich Freundlichkeitsfloskeln in den Hörer zu flöten. Das beginnt schon, wenn sich der oder die Betreffende meldet.

Das eine Extrem klingt so: »Ja, Müller!« oder auch nur: »Müller!« – der Kasernenhof lässt grüßen.

Wieder andere fürchten anscheinend um ihren guten Namen. Denn immerhin verschweigen sie ihn: »Ja, bitte!«. Und schließlich gibt es auch solche, die nur ein kurzes »Ja!« in die Sprechmuschel bellen.

Das andere Extrem klingt so: »Versandhaus Robert Freundlich, guten Tag, Sie sprechen mit der Kundendienstabteilung. Mein Name ist Angelika Leubersdorffer-Lüttgendorf. Was kann ich für Sie tun?«

Die Dame braucht für diesen Satz bei normalem Sprechtempo etwa zehn Sekunden. Ihr Kunde am anderen Ende der Leitung muss sich nicht nur gedulden, vielmehr kostet ihn diese vermeintlich freundliche Ansage auch noch bares Geld.

Welche »Blähwörter« würden Sie aus der zitierten Ansage streichen:

Unsere Meinung: Die Nennung der Abteilung erscheint entbehrlich. Denn entweder verfügte der Anrufer über die Durchwahl oder aber er hat sich über die Zentrale verbinden lassen. Klar, dass er nicht mit der Personalabteilung telefoniert. Ob der Kunde wirklich wissen will, ob seine Gesprächpartnerin nun Angelika, Sabine oder vielleicht Walburga mit Vornamen heißt, sei dahingestellt. Briefe, so viel steht fest, sollten immer mit dem Vor- und Zunamen unterschreiben werden. Ob sich die Mitarbeiterinnen und Mitarbeiter am Telefon nun aber unbedingt mit ihrem Vor- und Zunamen melden sollen, darf zumindest in Frage gestellt werden.

Warum nicht kurz und trotzdem freundlich? Etwa so:

Versandhaus Robert Freundlich, Roth, guten Tag.
Was kann ich für Sie tun?

Vermutlich fallen Ihnen noch eine Menge weiterer Variationen ein. Dann bitte gleich notieren:

Kommen wir zur zweiten Sünde: Angenommen, Ihr Kunde landet bei Herrn Hase, der – nomen est omen – stets von nichts etwas weiß. Die zuständige Sachbearbeiterin, Frau Wichtig, ist – auch das nichts Neues – nicht an ihrem Schreibtisch. Folgender Dialog entsteht:

Anrufer: *Guten Tag, hier Griesgram, ich habe eine Reklamation und würde gern mit Frau Wichtig sprechen.*
Hase: *Äh, äh, Moment mal. Frau Wichtig ist nicht an ihrem Platz. Tut mir Leid.*
Anrufer: *Ja, wann kommt sie denn wieder?*
Hase: *Tut mir Leid, das kann ich Ihnen leider nicht sagen.*
Anrufer: *Wird es denn länger dauern ...?*
Hase: *Keine Ahnung, ich weiß nicht, wo sie steckt.*
Anrufer: *Wer könnte mir denn ansonsten weiterhelfen?*
Hase: *Das weiß ich jetzt auch nicht so genau.*

Wie hätte Herr Hase Ihrer Ansicht nach reagieren sollen?

Hier unser Vorschlag:

Herr Griesgram, es tut mir Leid, aber Frau Wichtig ist im Moment nicht erreichbar. Besteht die Möglichkeit, Sie zurückzurufen. Oder kann ich meiner Kollegin etwas ausrichten?

Schließlich noch ein besonders grober Fehler: Stellen Sie sich vor, ein Kunde ruft in Ihrem Unternehmen an, um zu reklamieren. Pech gehabt: In der Telefonzentrale sitzt eine Aushilfskraft, die nun überhaupt keine Ahnung hat, wer für solche Fälle zuständig ist. Also wird der Anrufer von Abteilung zu Abteilung weiterverbunden. Die dortigen Damen und Herren unterziehen den Anrufer jedes Mal einem intensiven Verhör (»Wer sind Sie? Ja, um was geht's denn? Und wie soll ich Ihnen da helfen?«), um ihm am Ende mitzuteilen: »Ach, da sind Sie bei mir ja gaaaanz falsch. Ich gebe Sie mal an die Zentrale zurück.« Und das Spiel beginnt von vorn.

Das mag übertrieben klingen, ist aber in vielen Unternehmen noch Geschäftsalltag.

Daher: Wer immer Ihre Telefonzentrale betreut, er oder sie muss unbedingt wissen, wohin ein unzufriedener Kunde verbunden wird. Am besten ist es natürlich, das Unternehmen gibt zum Beispiel in seiner Betriebsanleitung oder auf der Garantiekarte eine »Hotline-Nummer« bekannt, unter der sich der Kunde im Fall der Fälle beschweren kann. Die unter dieser Nummer erreichbaren Damen und Herren sollten jedoch nicht nur freundlich sein, sondern echte Entscheidungskompetenz besitzen, um Probleme zügig lösen zu können. Ansonsten kommt der »Hotline« eher der Charakter einer Telefonseelsorge zu.

Bekanntlich wirkt nichts erheiternder als die Schadenfreude. Deshalb vor unseren praktischen Fällen zunächst ein Beispiel, wie man es nicht machen sollte. Der Hintergrund: Eine Kundin beschwert sich über die verspätete Lieferung der von ihr bestellten Ware. Der Dialog:

Telefonzentrale: »*Meyer & Söhne, guten Morgen!*«
Kundin: *Guten Morgen, hier ist Frau Klein aus X-Stetten. Ich möchte ...*
Zentrale: *Wie bitte? Ich kann Sie nicht verstehen, sprechen Sie doch bitte etwas lauter!*
Kundin: *Mein Name ist Klein aus X-Stetten. Ich habe schon vor sechs Wochen Waren bestellt, die nun seit zwei Wochen überfällig sind. Wer ist denn bei Ihnen dafür zuständig ...?*
Zentrale: *Wie ist denn Ihre Kundennummer?*
Kundin: *Tut mir Leid, die habe ich gerade nicht zur Hand.*
Zentrale: *Tja, das ist schade, dann kann ich Ihnen nicht helfen. Ich verbinde Sie mal mit dem Kundendienst, vielleicht wissen die etwas. Aber versprechen kann ich Ihnen nichts ...*
Kundin: *Also gut, verbinden Sie mich bitte ...*
Zentrale (nach mehrminütiger Pause): *Tut mir Leid, da meldet sich keiner.*
Kundin: *Ja, wieso denn das?*
Zentrale: *Fragen Sie mich was Leichteres.*

Kommen wir nun zu einem positiven Beispiel für erfolgreiches Reklamationsmanagement am Telefon. Da die Zentrale des Unternehmens entsprechend informiert war, wurde der Kunde gleich an die zuständige Serviceabteilung weiterverbunden. Folgender Dialog entsteht:

Beispiel 1 – der schadhafte Kopierer

Serviceabteilung, guten Tag. Mein Name ist Feldmann.
Hier Naundorff aus Gründorf.
Guten Tag, Herr Naundorff, was kann ich für Sie tun?
Das ist eine gute Frage. Vielleicht versuchen Sie es zunächst einmal damit, im dritten Anlauf den leichtsinnigerweise in Ihrem Laden gekauften Kopierautomaten zu reparieren. Aller guten Dinge sind ja bekanntlich drei. Vielleicht schafft es Ihr Techniker ja endlich beim dritten Anlauf. Obwohl ich die Hoffnung eigentlich schon aufgegeben habe.
Ich verstehe Ihren Ärger nur zu gut, Herr Naundorff. Ich will den Vorgang kurz auf den Bildschirm holen. Sagen Sie mir bitte noch Ihren Vornamen und Ihre Adresse.
(Der Kunde gibt die gewünschten Informationen.)

So, Herr Naundorff, ich habe jetzt alle Angaben vor mir. Unser Herr Schneider war gestern bei Ihnen wegen Ihrer Reklamation mit dem Gerät XY-345 Super-Copy.

Genau. Und kaum war Ihr Herr Schneider zwei Stunden aus meinem Haus, streikte das Ding erneut. Vielleicht sollten Sie mir endlich mal einen Fachmann schicken ...!

Herr Naundorff, es ist mir sehr peinlich, dass Sie erneut Probleme mit Ihrem Gerät haben. Ich kann gut verstehen, ich wäre auch sauer. Aber seien Sie sicher, dass wir alles tun werden, um die Sache endgültig zu Ihrer Zufriedenheit zu regulieren. Ich möchte mir eben schnell ein paar Notizen machen. Bitte schildern Sie mir doch kurz die Probleme, die Sie mit Ihrem Gerät haben.

(Der Anrufer beschreibt prägnant und sachlich die Funktionsstörung.)

Vielen Dank, Herr Naundorff. Ich gebe den Vorgang gleich an Herrn Müller weiter. Herr Müller ist der Chef unseres technischen Kundendienstes. Wann darf er Sie zurückrufen, um einen Termin zu vereinbaren?

(Kunde nennt die gewünschte Tageszeit.)

Gut, Herr Naundorff. Ich hab' mir das notiert. Herr Müller wird Sie ganz bestimmt zurückrufen. Ich bin sicher, dass die ärgerliche Sache dann schnellstens reguliert wird.

Und darauf kann ich mich wirklich verlassen ...?

Absolut, Herr Naundorff. Falls es trotzdem noch irgendwelche Rückfragen geben sollte, rufen Sie mich einfach an. Mein Name ist Ulrike Feldmann, meine Durchwahl lautet ...

Also gut, hoffen wir das Beste ...

Herr Naundorff, ich danke für Ihr Verständnis. Trotz allem einen schönen Tag noch – und auf Wiederhören.

Nehmen Sie die einzelnen Phasen des wiedergegebenen Telefongesprächs doch einmal genauer unter die Lupe. Versuchen Sie festzustellen, welcher Dramaturgie sich die Servicemitarbeiterin bedient hat, und notieren Sie bitte Ihre Erkenntnisse:

Hier unsere Antworten:

1. **Phase:** Die entwaffnend freundliche Begrüßung. Allenfalls als umworbener Kunde hätte der Anrufer so etwas erwartet. In vielen Fällen dämpfen bereits eine solch motivierende Begrüßung sowie die anschließend sofort bekundete Hilfsbereitschaft (»Was kann ich für Sie tun?«) die Emotionen.

2. **Phase:** Verständnis und Einfühlungsvermögen zeigen. Die Mitarbeiterin reagiert mit keinem Wort auf die sicher überzogene Kritik und Polemik des Anrufers, vielmehr zeigt sie Verständnis für die Verärgerung des Kunden (»Ich verstehe Ihren Ärger nur zu gut.«). Gleich darauf beginnt die Mitarbeiterin zu handeln, auch wenn es zunächst nur Routine ist (Vorgang wird im Computer aufgerufen).

3. **Phase:** Verlagerung des Problems auf eine sachliche Ebene. Durch präzises Nachfragen nach dem Reklamationsgrund wird der Anrufer gleichsam zur Sachlichkeit gezwungen. Die Servicemitarbeiterin macht sich zudem Notizen. Dies gibt dem Anrufer das Gefühl, dass man seiner Reklamation den nötigen Stellenwert beimisst. Beim Kunden verstärkt sich der Eindruck, dass nun die Dinge in Bewegung kommen (Sogar der Chef ruft zurück!) und das Unternehmen bemüht ist, die peinliche Angelegenheit schnell und dauerhaft zu regulieren.

4. **Phase:** Erörterung der nächsten Schritte. Die Servicemitarbeiterin nennt ganz konkret die weiteren Maßnahmen und spricht diese mit dem Kunden ab: »Wann darf mein Kollege Sie zurückrufen?«

5. **Phase:** Aufbau neuen Vertrauens. Die Mitarbeiterin übernimmt sozusagen persönlich die Gewähr dafür, dass die verabredeten Maßnahmen zuverlässig und schnell eingeleitet werden. Sie nennt dem Kunden ausdrücklich noch einmal ihren Namen und ihre Telefonnummer und motiviert ihn, direkt bei ihr anzurufen, falls es erneut Probleme geben sollte. Der Kunde hat mithin eine »Bezugsperson«. Diese weiß über den Vorgang nicht nur bestens Bescheid, überdies steht sie beim Anrufer im Wort, sich intensiv um die Reklamation zu kümmern.

6. **Phase:** Die freundliche Verabschiedung. Der Kunde spürt: Hier darf er auch bei Reklamationen einen angenehmen Ton erwarten. Und die Polemik zu Beginn des Gesprächs hat ihm niemand verübelt.

Auch der nachfolgende Dialog folgt im Großen und Ganzen dieser bewährten Dramaturgie. Wenn Sie Lust haben, versetzen Sie sich in die Lage des Servicemitarbeiters und notieren Sie, was Sie an seiner Stelle entgegnet hätten.

Beispiel 2 – Mängel bei den neuen Möbeln

Möbel Frank, guten Tag, mein Name ist Weiß.

Guten Tag, hier ist Frau Motz aus Zoffhausen.

Guten Tag, Frau Motz. Was kann ich für Sie tun?

Wissen Sie, ich bin richtig sauer. Da haben wir bei Ihnen vor vier Wochen Möbel gekauft, und zwar für viel Geld. Wir haben wirklich nicht auf den Preis geschaut. Wir wollten Qualität. Und nun lockern sich bereits die Scharniere; eines ist vergangene Woche sogar herausgebrochen. Das ist doch unmöglich!

Wie würden Sie reagieren?

Das ist richtig, Frau Motz, das darf nicht passieren. Ich verstehe Ihren Ärger sehr gut …

Das allein hilft mir nicht weiter. Ich erwarte, dass Sie etwas unternehmen. Vor zwei Tagen hatte ich bereits mit einer Ihrer Kolleginnen gesprochen, die mir zusagte, mich zurückzurufen. Auf den Rückruf warte ich noch immer …

Wie würden Sie reagieren?

Die Sache wird ja immer peinlicher für uns. Ich nehme an, meine Kollegin wollte die Angelegenheit zunächst mit mir besprechen. Ich bin aber heute Morgen erst von einer Dienstreise zurückgekommen und habe meine Mitarbeiterin noch gar nicht gesehen. Es tut mir Leid, dass Sie warten mussten. Darf ich Sie noch um die Lieferscheinnummer und das Lieferdatum Ihrer Möbel bitten, damit ich mir den Vorgang heraussuchen kann …

(Die Kundin gibt die gewünschten Informationen.)

Ich möchte aber gleich hinzufügen, dass ich mich mit einer notdürftigen Reparatur nicht zufrieden gebe. Entweder Sie liefern mir neue Möbel oder Sie kommen mir im Preis entgegen.

Wie würden Sie reagieren?

Ich bin überzeugt, dass wir uns in der einen oder anderen Weise einigen können, die für beide Seiten zufrieden stellend ist. Um den Schaden genau festzustellen, würde ich Ihnen gern unseren Schreiner vorbeischicken ... Ihr Schreiner kann gerne kommen; aber wie gesagt: Mit Notlösungen gebe ich mich bei diesem Preis nicht zufrieden.

Wie würden Sie reagieren?

Das läge auch nicht in unserem Sinne, Frau Motz. Schließlich wollen wir Sie ja als Kundin behalten. Wir wollen die Sache nun schnell aus der Welt schaffen. Sobald mir die Schadensaufnahme unseres Schreiners vorliegt, rufe ich Sie zurück, und dann überlegen wir, wie unser Haus die Sache bereinigen kann. Sie können sich darauf verlassen, dass ich Sie auf jeden Fall noch in dieser Woche zurückrufe. Wann dürfte unser Schreiner denn bei Ihnen mal kurz vorbeischauen?

Wenn es geht, nicht vor 17 Uhr.

Kein Problem, Frau Motz, sagen wir übermorgen gegen 17.30 Uhr.

Ja, das ist in Ordnung.

Gut, dann können wir die unangenehme Sache zügig erledigen. Vielen Dank für Ihren Anruf und noch einen schönen Tag, Frau Motz.

Checkliste:

Telefonische Reaktionen auf Reklamationen

- [ ] Ist Ihre Telefonzentrale informiert, wohin reklamierende Anrufer verbunden werden müssen?
- [ ] Ist sichergestellt, dass der Anrufer zur üblichen Geschäftszeit auf jeden Fall einen Mitarbeiter oder eine Mitarbeiterin erreicht?
- [ ] Sind Sie und Ihre Mitarbeiter geschult im professionellen Telefonieren?
- [ ] Haben Sie und Ihre Mitarbeiter den Vorsatz gefasst, sich niemals von Beschwerdeführern provozieren zu lassen?
- [ ] Haben Ihre Mitarbeiter ausreichende Kompetenzen, um kleinere Reklamationen gleich am Telefon bereinigen zu können?
- [ ] Werden die telefonisch vereinbarten Schritte kurz schriftlich festgehalten?

Teil 6
Reklamationen im direkten Gespräch

Vieles, was wir im vorangegangenen Teil zur telefonischen Reaktion auf Reklamationen festgestellt haben, trifft gleichermaßen auch für das direkte Reklamationsgespräch zwischen Kunden und Servicemitarbeiter zu. Der in solchen Fällen aber mögliche Einsatz der bereits erwähnten Körpersprache erleichtert es häufig, dem Kunden die gewünschte Botschaft zu vermitteln, zum Beispiel:

- Aufmerksamkeit,
- Betroffenheit,
- Handlungsbereitschaft.

Wer dem reklamierenden Kunden aufmerksam zuhört, ihn dabei anschaut und sich zwischendurch Notizen macht, signalisiert damit: »Ich bin voll konzentriert bei der Sache und mit Ihrer Reklamation beschäftigt. Wir nehmen Ihre Beschwerde sehr ernst.«

Beachten Sie bitte: Bei einem direkten Reklamationsgespräch kommt es sehr wesentlich auf das Umfeld an:

- Führen Sie solche Gespräche nach Möglichkeit nicht in Ihrem Ladengeschäft in Anwesenheit anderer Kunden, sondern bitten Sie den Reklamierer in einen Nebenraum oder in Ihr Büro (»Dort können wir die Sache ungestört besprechen.«).
- Stellen Sie sicher, dass Sie dann auch tatsächlich ungestört bleiben und nicht etwa ständig vom Telefon unterbrochen werden.
- Viele Reklamationen lassen sich schon in wenigen Minuten aus der Welt schaffen. Ist ein längeres Gespräch notwendig, oder müssen Sie zum Beispiel noch einen Techniker hinzuziehen, dann bieten Sie dem Kunden Getränke an – immerhin ist er Ihr Gast, selbst wenn er unangenehme Dinge vorträgt.
- Sprechen Sie ruhig, langsam und verständlich. Ihre Gelassenheit wird sehr schnell auf Ihr Gegenüber ausstrahlen.

Was Ihr persönliches Verhalten und Auftreten anbelangt, so beachten Sie folgende Maximen:

- Sie sollten gelassen sein, *nicht* überheblich.
- Sie sollten dem Kunden immer mal wieder ein freundliches Lächeln schenken, *nicht* aufgesetzt grinsen.
- Sie sollten dem Kunden zuhören, *nicht* aber beharrlich schweigen.
- Sie sollten dem Kunden gegenüber Ihr Bedauern ausdrücken, *nicht* aber vorschnelle Versprechungen machen.

Vom verärgerten zum zufriedenen Kunden

1. **Phase:** Ihr Kunde hat seinen Ärger schon über Stunden oder Tage hinweg gespeichert. Er reklamiert deshalb nicht spontan, vielmehr hat er sozusagen ein »Drehbuch« verinnerlicht, in dem genau steht, was er Ihnen in welcher Form sagen will. In dieser Phase sollten Sie nur zuhören sowie ab und zu positive Rückmeldungen geben: »Ja, ich verstehe.«, »Da haben Sie sicher Recht.«, »Das ist in der Tat ungewöhnlich!«.

2. **Phase:** Verärgerte und aufgebrachte Kunden werden sich in den seltensten Fällen bei ihrem emotionalen Ausbruch auf das eigentliche Problem konzentrieren. Sie neigen vielmehr dazu, alle anderen negativen Erfahrungen mit Ihrem Unternehmen ins Feld zu führen (»Das ist nicht das erste Mal. Vor einem halben Jahr hat sich die Auslieferung um mehrere Wochen verzögert. Vorgestern wurde ich am Telefon schnöde abgespeist ...«). Unser Tipp: Führen Sie den Kunden behutsam auf das Kernproblem zurück: »Frau Schulte, das tut mir wirklich Leid. Aber beschreiben Sie mir doch die Transportschäden etwas detaillierter, ich möchte mir Notizen machen.« Damit zwingen Sie den Kunden zur Sachlichkeit, gleichzeitig kreisen Sie den eigentlichen Reklamationsgrund ein.
   Sobald etwas notiert wird, entsteht der Eindruck, nunmehr sei die Angelegenheit gleichsam amtlich. Stellen Sie ruhig und sachlich Zwischenfragen, denn dies zeugt von Ihrem Interesse.

3. **Phase:** Nach der sachlichen Erörterung folgt die Entschuldigung. Diese darf weder wie aus einem »Reklamations-Computer« (»Tut uns Leid; Entschuldigung«) noch übertrieben devot klingen (»Frau Schulte, ich kann Sie nur ganz, ganz aufrichtig um Entschuldigung bitten.«). Gefragt sind hingegen Sachlichkeit und Einfühlungsvermögen (»Ich kann Ihren Ärger sehr gut verstehen, Frau Schulte. Bitte entschuldigen Sie diese böse Panne. Wir bringen das schnellstmöglich in Ordnung.«). Anschließend unterbreiten Sie Ihrem Kunden Lösungsvorschläge. Am besten, Sie zeigen gleich zwei oder drei Alternativen auf: »Ich kann die beschädigten Möbel selbstverständlich neu bestellen und dann austauschen. Eine andere Möglichkeit wäre, dass ich Ihnen im Preis entgegenkomme.« Hat sich der Kunde entschieden, klären Sie die Einzelheiten (Liefertermin der neuen Ware oder Ähnliches).

4. **Phase:** Vermitteln Sie Ihrem Kunden abschließend die Gewissheit, dass sein Problem nunmehr in guten Händen ist. Überreichen Sie zum Beispiel Ihre Karte mit der Bemerkung: »Falls es noch irgendwelche Probleme gibt, rufen Sie mich bitte direkt an.« Oder Sie sagen dem Kun-

den verbindlich eine schriftliche Bestätigung der gerade vereinbarten Vorgehensweise zu: »Wir werden Ihnen die näheren Einzelheiten auf jeden Fall noch in dieser Woche schriftlich mitteilen.« Es folgt eine abschließende Entschuldigung, zum Beispiel in dieser Form: »Die Sache tut mir wirklich Leid, Frau Schulte. Aber wir bringen das jetzt in Ordnung. Sie können mich beim Wort nehmen.«

Vermeiden Sie »Reiz-Sätze«

Was halten Sie von folgendem Reklamationsgespräch?

Kunde: *Guten Tag, ich habe eine Reklamation.*

Verkäuferin: *Augenblick bitte, dafür bin ich leider nicht zuständig. Aber da hinten kommt mein Chef.*

Chef: *Guten Tag, was kann ich für Sie tun?*

Kunde: *Ich habe vor einem Monat dieses Faxgerät bei Ihnen gekauft. Seit gestern funktioniert es nicht mehr. Keinerlei Reaktionen.*

Chef: *Das gibt's doch gar nicht.*

Kunde: *Leider gibt es so etwas doch oder bezweifeln Sie meine Ausführungen?*

Chef: *Nein, nein. Aber ich kann das überhaupt nicht verstehen. Sind Sie wirklich genau nach der Bedienungsanleitung vorgegangen?*

Kunde: *Aber selbstverständlich. Wollen Sie mich jetzt für den Defekt verantwortlich machen ...?*

Chef: *Sie haben mich missverstanden. Aber es könnte doch immerhin sein, dass ...*

Kunde: *Lassen wir diese Diskussionen. Ich bitte Sie, das Gerät im Rahmen der Gewährleistungsbedingungen kostenlos zu reparieren ...*

(Ein Techniker aus der Werkstatt kommt hinzu, untersucht das Gerät und schüttelt den Kopf.)

Techniker: *Das sieht nicht gut aus. Wahrscheinlich müssen wir das Gerät ans Werk einschicken. Das kann aber eine Weile dauern ...*

Kunde: *Ich brauche das Gerät aber beruflich.*

Chef: *Ja, also versprechen kann ich Ihnen da gar nichts. Wir werden das Gerät zusammen mit Ihren Garantieunterlagen einschicken. Wenn das dann etwas länger dauert, können wir Ihnen leider auch nicht helfen.*

(Der Techniker schaut sich das Gerät erneut verständnislos an, schüttelt abermals mit dem Kopf.)

Techniker: *Da funktioniert ja wirklich gar nichts mehr. Haben Sie denn nicht schon vorher irgendetwas bemerkt.*

Kunde: *Nein, sonst wäre ich ja schon früher gekommen.*

Techniker: *Also ich verstehe das nicht ...*

Chef (ruft quer durch den Laden eine Kollegin herbei): *Frau Stahl, kommen Sie mal bitte ...* (Chef wendet sich an den Kunden:) *Frau Stahl wird jetzt alles Nötige aufnehmen. Mich müssen Sie leider entschuldigen, ich habe noch einen Kunden ...*

Spätestens in diesem Moment schwört sich der Kunde, niemals mehr in diesem Geschäft etwas zu kaufen. Zwar hat der Chef die Reklamation grundsätzlich anerkannt und sein Verhalten war sicher auch nicht grob unhöflich, dennoch fühlt sich der Kunde schlecht behandelt. Der Grund: Die Vielzahl von negativ besetzten »Reiz-Sätzen«, mit denen der Kunde konfrontiert wurde.

Welche dieser »Reiz-Sätze« sind Ihnen aufgefallen?

Hier nun unsere Antworten:

1. »Dafür bin ich nicht zuständig.«
Besser wäre gewesen: »Ich rufe eben schnell unseren Chef, der sich der Sache gern persönlich annimmt.«

2. »Das gibt's doch gar nicht.«
Besser wäre gewesen: »Da haben Sie aber wirklich Pech. Gerade mit diesem Gerät haben wir ansonsten sehr gute Erfahrungen gemacht.«

3. »Aber ich kann das überhaupt nicht verstehen.«
Besser wäre gewesen: »Ja, ich kann Ihren Ärger sehr gut verstehen.«

4. »Sind Sie wirklich genau nach der Bedienungsanleitung vorgegangen?«
Besser wäre gewesen: »Wie haben Sie denn das Gerät bedient?«

5. »Das sieht gar nicht gut aus.«
Solche und ähnliche Bemerkungen bitte ersatzlos streichen (gilt auch für: »Oh je, das wird teuer!«).

6. »Das kann eine Weile dauern.«
Besser wäre gewesen: »Wie lange können Sie das Gerät entbehren?«

7. »Ja, also versprechen kann ich Ihnen da gar nichts ...«
Besser wäre gewesen: »Wir tun selbstverständlich alles, um die Reparatur zu beschleunigen.«

8. »Haben Sie denn nicht schon vorher irgend etwas bemerkt?«
Besser: »Die Funktionsstörung kam also ganz plötzlich?«

9. »Also, ich verstehe das nicht.«
Bemerkung ersatzlos streichen.

10. »Ich habe noch einen Kunden.«
Besser wäre gewesen: »Darf ich mich zurückziehen? Wir sind ja so weit einig. Meine Kollegin wird alles Notwendige veranlassen. Falls es noch irgendwelche Probleme gibt, rufen Sie mich bitte einfach an. Mein Name ist ...«

Beachten Sie: »Reiz-Sätze« sind Formulierungen, die

- unterschwellig die Glaubwürdigkeit des Kunden in Zweifel ziehen (»Kann ich mir gar nicht vorstellen.«),
- Gleichgültigkeit erkennen lassen (»Versprechen kann ich Ihnen gar nichts.«),
- dem Kunden Angst machen (»Das sieht gar nicht gut aus« oder: »Das wird teuer ...«),
- Zweifel an der Wichtigkeit des Kunden aufkommen lassen (»Entschuldigung, ich habe noch einen anderen Kunden.«),
- die technischen oder intellektuellen Fähigkeiten des Kunden in Zweifel ziehen (»Haben Sie die Betriebsanleitung richtig gelesen?«).

Checkliste:

Reklamationen im direkten Gespräch

Führen Sie das Reklamationsgespräch konzentriert in ungestörter Umgebung? ☐

Haben Sie dem Kunden einen Platz beziehungsweise ein Getränk angeboten? ☐

Versuchen Sie, auch mittels der Körpersprache die gewünschte Botschaft zu übermitteln? ☐

Gelingt es Ihnen, emotional aufgeladene Gespräche auf den sachlichen Kern zu reduzieren? ☐

Haben Sie mit dem Kunden konkret die nächsten Schritte vereinbart? ☐

Haben Sie im Gespräch mit dem Kunden darauf geachtet, »Reiz-Sätze« zu vermeiden? ☐

Teil 7
Reklamationen, die keine sind

Wie an anderer Stelle schon betont: Es kann weder in Ihrem noch im Interesse Ihrer Kunden sein, dass Sie alle Reklamationen anerkennen, selbst wenn das Eigenverschulden des Verbrauchers offenkundig ist. Wenn also eine Pseudo-Reklamation vorliegt, trauen Sie sich, auch einmal »Nein« zu sagen – höflich, aber bestimmt!

In der Praxis haben Sie es mit drei Gruppen von Problemkunden zu tun, als da wären:

1. Die ständigen Nörgler, die Ihre Serviceabteilung mit unverschämten Beschwerdebriefen und -anrufen überhäufen.

2. Die Pseudo-Reklamierer, also an jene Mitmenschen, die sich auf diese Weise Preisnachlässe oder andere Vergünstigungen erstreiten wollen.

3. Die Großkunden, die generell reklamieren und so ihre kleinen oder mittelständischen Zulieferer unter Druck setzen – ganz nach dem Motto: »Entweder Preisnachlass oder keinen Auftrag mehr!«.

Was den letzten Punkt angeht, können moderne Formen der psychologischen Kommunikation wenig bewirken. Solche Fälle sind in der Regel nur mit juristischen Mitteln zu lösen. Wie aber sollten Sie sich gegenüber den permanenten Nörglern und Pseudo-Reklamierern verhalten?

Der Nörgler

Bekanntlich gibt es Kunden, vor denen es selbst den routiniertesten Verkäufern und Servicemanagern graut. Zeitgenossen, die Sie herausfordern möchten und die jede Unsicherheit ihrerseits zu neuen Angriffen nutzen. In den meisten Fällen ist es nicht einmal der eigentliche Reklamationsgrund, der hinter solch unfairem Verhalten steht. Auch richten sich die Angriffe nicht persönlich gegen den betreffenden Servicemitarbeiter, vielmehr suchen die meisten unangenehmen Kunden eben nur ein Ventil, um Druck und Frust weiterzugeben.

Was also tun? Welche »Therapie« würden Sie vorschlagen?

Wir empfehlen drei Grundregeln für den Umgang mit cholerischen oder gar bösartigen Kunden.

Regel 1:

Auch der unsympathischste Kunde bleibt zunächst Kunde. Weder Sie noch Ihre Mitarbeiter müssen diese Zeitgenossen lieben. Ja, Sie können sie sogar verachten und als widerwärtig empfinden. Wichtig ist nur, dass Sie sich diese Einstellung niemals anmerken lassen. Bösartigen Kunden sollten Sie mit kühler Freundlichkeit und betonter Sachlichkeit entgegentreten. Kühle Freundlichkeit kommt nämlich vom Verstand und nicht von Herzen!

Regel 2:

Überhören Sie bösartige Bemerkungen Ihres Problemkunden. Sie können ihm keinen größeren Gefallen tun, als mit gleicher Münze zurückzuzahlen. Denn wenn Sie sich dazu hinreißen lassen, haben Sie bereits verloren. Wer hingegen betont sachlich reagiert, macht der cholerischen Dame oder dem bösartigen Herrn sehr schnell klar: »Auch wenn Sie noch so brüllen, wenn Sie noch so unverschämt sind – mir imponiert das überhaupt nicht.«

Regel 3:

Die Grenze des kultivierten Umgangs mit Kunden verläuft dort, wo Sie oder Ihre Mitarbeiter massiv beleidigt oder gar bedroht werden. In diesem Fall sollten Sie das Gespräch nach einer knappen, sachlichen Ankündigung beenden.

Der Pseudo-Reklamierer

Wie gesagt, kein Unternehmen kann alle offenkundig unbegründeten Reklamationen auf dem Kulanzweg aus der Welt schaffen. Die meisten Kunden werden dies verstehen. Die meisten, aber nicht alle. Für Sie und Ihre Mitarbeiter stellt sich somit die Aufgabe, diesen Kunden abzusagen, ohne sie nachhaltig zu verbittern. Eine heikle Angelegenheit, die viel Fingerspitzengefühl erfordert.

Unsere Tipps:

- Verhandelten Sie mit Ihrem Kunden bisher persönlich oder telefonisch, so teilen Sie ihm Ihre negative Entscheidung am besten per Telefon mit. Existiert in der betreffen Angelegenheit bereits ein Schriftverkehr, so legen Sie in einem Brief die Gründe für Ihre Entscheidung dar.
- Schieben Sie die Absage nicht auf die lange Bank. Reagieren Sie, sobald die Entscheidung gefallen ist.
- Kommen Sie sofort zur Sache. Umständliche und gequälte Formulierungen helfen auch nicht weiter.
- Keine auch nur ansatzweise Überheblichkeit in den Formulierungen.

Verbinden Sie Ihre Absage mit konkreten Vorschlägen oder Tipps, wie sich die Angelegenheit anderweitig beseitigen und künftig verhindern lässt. Zum Beispiel mit dem Kostenvoranschlag für eine Reparatur, günstigen Konditionen beim Neukauf oder mit Tipps und Tricks für den Umgang mit dem Produkt.

Falls Sie sich freiwillig bereit erklären, den Schaden oder Defekt auf dem Kulanzweg zu beseitigen, weisen Sie ausdrücklich darauf hin, dass es sich um eine entgegenkommende Leistung Ihrerseits handelt, auf die normalerweise kein Rechtsanspruch besteht!

Sie haben weitere Fragen und wünschen konkrete Hilfe?
Hier der direkte Kontakt zum Autor

Michael Brückner
Kommunikationsberatung
Ingelheim und Lindau
Telefon/Fax: 06132/431568
Michael.Brueckner@t-online.de
www.redaktion-brueckner.de

Folgende Titel der Reihe »New Business Line« sind lieferbar

Management

Marion E. Haynes
Projekt-Management
Von der Idee bis zur Umsetzung
Der Projekt-Lebenszyklus – Faktor Qualität / Zeit / Kosten – Erfolgreicher Abschluss

Hans-Jürgen Kratz
Mobbing
erkennen – ansprechen – vorbeugen

Hans Kiesow
Kündigungsgespräche
Sicherheit gewinnen / Praxiserprobte Gesprächstechniken anwenden / Schwierige Situationen meistern / Konflikte vermeiden

Robert G. Wittmann
Unternehmensstrategie und Businessplan
Eine Einführung

Rolf Leicher
Telefonzentrale und Besucherempfang
Kunden kompetent begrüßen / Gewinnend telefonieren / Mit schwierigen Anrufern umgehen / Professionell auftreten

Marketing / Verkauf / PR

Richard Gerson
Der Marketingplan
Stufenweise Entwicklung – Umsetzung in die Praxis – Checklisten und Formulare

Mary Averil / Bud Corking
Netzwerk-Marketing
In fünf Schritten zum professionellen Direktverkauf

Werner Pepels
Grundlagen des Marketing
Marketingkonzepte / Marketing-segmentierung / Informations-gestaltung / Verkaufspoltik

Werner Pepels
Grundlagen der Werbung
Konzept / Werbemittel / Mediaplanung / Direktwerbung / Gestaltung / Realisierung

Thomas H. Jachens
Professionelles Verkaufen
Kundenerwartungen erkennen / Verkaufsgespräche positiv gestalten / Abschlüsse erreichen / Richtig kommunizieren

Controlling Finanz- und Rechnungswesen

Peter Kralicek
Bilanzen lesen – eine Einführung
Keine Angst vor Kennzahlen

Peter Kralicek
Grundlagen der Kalkulation
Kosten planen und kontrollieren / Kostensenkungsprogramme / Preisuntergrenzen und Zielpreise / Methoden / Fallbeispiele

Wolfgang Lang
Unternehmensfinanzierung
Unternehmensrating verbessern / Eigenkapital stärken / Unternehmenswert steigern / Mit dem Geschäftsplan überzeugen

Arbeitstechniken

Uwe Scheler
Vortragsfolien und Präsentationsmaterialien
PowerPoint / Beamer / Overhead / Flip-Chart

Peter Capek
Mind Mapping
besser strukturieren – schneller protokollieren – deutlicher visualisieren

Gerhard Hörner
Professionelles Speed Reading
Maximale Lesegeschwindigkeit – minimaler Aufwand

Mario Klarer
Präsentieren auf Englisch
Überzeugender Auftritt – treffende Formulierung – klare Visualisierung

Oluf F. Konstroffer
Präsentationen, Projektpläne und Summarys – Überzeugen auf einer Seite

Peter Kürsteiner
Gedächtnistraining
Mehr merken mit Mnemotechnik Grundlagen der Gedächtniskunst – Namen, Zahlen, Vokabeln behalten – praxisnahe Übungen

Wolfgang Winter
Wissenschaftliche Arbeiten schreiben
Hausarbeiten – Diplom- und Magisterarbeiten – MBA-Abschlussarbeiten – Dissertationen

Persönlichkeitsentwicklung

Marion E. Haynes
Persönliches Zeitmanagement
So entkommen Sie der Zeitfalle

Roman Braun
NLP – eine Einführung
Kommunikation als Führungsinstrument

Stefan Czypionka
Umgang mit schwierigen Partnern
Erfolgreich kommunizieren mit Kunden, Mitarbeitern, Kollegen, Vorgesetzten u. a. m.

Karin Ruck
Professionelles Networking
Kontakte knüpfen / Beziehungen pflegen / Verbindungen nutzen

Kommunikation

Michael Brückner
Beschwerdemanagement
Reklamationen als Chancen nutzen / Professionell reagieren / Kunden zufrieden stellen

Jörg Neumann
Formulieren ohne Floskeln
Geschäftskorrespondenz mit Pep und Persönlichkeit